ENCANTO *y* MISTERIO
de la
Ciudad de
MÉXICO

KARLA CECEÑA

creadora de *Ciudad Literaria*

ENCANTO Y MISTERIO

de la Ciudad de MÉXICO

Un paseo luminoso por lugares inexplorados, llenos de historia y magia

AGUILAR

Papel certificado por el Forest Stewardship Council®

MIXTO
Papel | Apoyando la silvicultura responsable
FSC FSC® C180017

Penguin Random House Grupo Editorial

Encanto y misterio de la Ciudad de México
Un paseo luminoso por lugares inexplorados, llenos de historia y magia

Primera edición: enero, 2026

ISBN: 978-607-386-814-3

Impreso en México – *Printed in Mexico*

Tengo la idea de que cada ciudad tiene su voz.
Cada una tiene algo que decirle a quien sabe escuchar.
¿Qué te dice a ti la gran ciudad?...

—O. Henry

Índice

Prólogo 11

1. La fuente que cuenta historias 15
2. La odisea de las piedras 31
3. El lenguaje del metro 49
4. Ruinas y fantasmas de Santa María La Ribera 67
5. La ciudad en el bolsillo 87
6. La memoria del agua 105
7. Las puertas de los siglos 121
8. Sinfonías del ayer 139
9. Esquinas memoriosas 157
10. Sabiduría heredada 175

Directorio de lugares mencionados 193

Bibliografía 199

Agradecimientos 205

Prólogo

A veces me parece que nuestra ciudad tiene mucho que contar pero se nos olvida escucharla. En realidad, imagino que hasta el rincón más recóndito del mundo es capaz de hablarnos aunque su lenguaje parezca indescifrable. Desconozco si la voz de la Ciudad de México es dulce o arenosa, un delicado susurro o un grito desesperado ante nuestra amnesia voluntaria, pero al caminar entre sus calles es difícil no sentir el rumor invisible de sus piedras, sus ausencias, sus algarabías, sus silencios y todo aquello que nos conduce hacia el asombro.

Podría parecer que después de siete siglos de historia ya no quedan más secretos o que la voz de la Ciudad de México quedó sepultada bajo los ecos de un pasado profundo, complejo y enigmático. Incluso se ha dicho que la nuestra es una ciudad sin memoria pero yo creo que somos nosotros quienes olvidamos escuchar el idioma silente de una urbe que puede despertar recuerdos ancestrales y contarnos historias tan extraordinarias como las que solemos buscar en tierras lejanas.

Considero que ese impulso de viajar para descubrir horizontes desconocidos se alimenta de la misma sed de asombro que nos hace detenernos ante las enormes casonas de vidrios quebrados, envueltas en un aire de abandono y polvo de otros años que abundan en nuestros barrios. Si pudiéramos replicar esa emoción que nos provoca una efímera travesía que cruza mares y fronteras en la rutina diaria quizás podríamos reencontrarnos con los misterios ocultos bajo nuestros pies o en las esquinas que recorremos todos los días.

Afortunadamente, el viaje sigue siendo una de las grandes ambiciones humanas y me atrevería a afirmar que en cualquier época existió algún alma curiosa cuya experiencia del mundo quedó plasmada en la memoria silenciosa de los libros.

Particularmente disfruto los relatos que Virginia Woolf escribió sobre Londres, dejando una visión singular de momentos cotidianos que pueden brindar un significado profundo. Charles Baudelaire encontró en el paseo una forma de poesía y bautizó la esencia melancólica de París. Vicente Quirarte me hizo entender a la capital mexicana como un ente vivo que podemos leer, recorrer, conocer, odiar, amar y defender. Claudia Kerik coleccionó versos durante décadas y publicó más de mil páginas con poemas sobre caminantes, edificios, calles, personajes y todo lo que encontró sobre nuestra caótica metrópolis. Todos ellos, enamorados de su ciudad, tradujeron esa voz casi imperceptible al observar más allá del paisaje cotidiano y convertirse en viajeros de sus propias calles. Así, por más que el panorama se transforme, tal vez dejemos de lamentarnos por la ciudad perdida para detenernos a pensar que entre estas calles estamos envejeciendo y que la vida es una colección de instantes cuyo hilo invisible está anclado a una ciudad que ignoramos si así lo queremos pero que nos está viendo atravesar la embriagadora vorágine de la existencia humana.

Tengo la sensación de que nuestra Ciudad de México es un cuerpo vivo que domina un idioma silencioso y antiguo, impregnado en sus árboles, edificios centenarios, parques y hasta en las historias perdidas que reaparecen al volverlas a contar. Por eso se me antoja que nuestra narradora muda de ojos infinitos siempre encuentra la forma de recordarnos que merece ser escuchada y recorrida.

En mi caso, he descubierto múltiples caminos que me han llevado a la ciudad. Las librerías han sido un destino para encontrar aquellas páginas que me conducen una y otra vez a los sitios desaparecidos, olvidados y hasta aquellos que resisten la metamorfosis irrefrenable del enorme cuerpo que es la capital.

Al explorar la Ciudad de México he aprendido que el pasado vuelve a nuestro encuentro de las formas más insospechadas: desde los símbolos del metro hasta los nombres de las calles. Un edificio oculto en un billete, que pocas veces nos detenemos a mirar con atención, o la música invisible que suena en las arterias urbanas. También, he logrado encontrar artistas olvidados y sitios deslumbrantes, que aunque llevan siglos entre las calles, son aún desconocidos para muchos. Incluso algunos espacios cuyos orígenes siguen generando preguntas y especulaciones.

Además, gracias a los libros, hay días en los que siento que no camino sobre el asfalto, sino sobre capas superpuestas de relatos, palabras, nostalgias, deseos y ausencias. Y aunque muchas veces esos rastros parecen desvanecerse ante la prisa y el ruido, basta un gesto —levantar la vista, rodear una manzana, entrar sin querer en una librería o leer un letrero oxidado— para que todo vuelva a latir.

Por eso, espero que las siguientes páginas sean un pretexto para pasear y confirmar que aún hoy, en este rincón del mundo, persisten lugares que siguen desafiando al olvido y que son capaces de sorprendernos.

CAPÍTULO 1

La fuente que cuenta historias

Bosque de Chapultepec, Primera Sección

Adentrarse en la Calzada de los Poetas significa recuperar el aroma de la hierba y el canto de cientos de aves que no sé reconocer. Este camino de miradas petrificadas conduce a uno de los secretos más hermosos que oculta el Bosque.

Pareciera que la fuente siempre ha estado ahí, esperando para darle vida a las aventuras del caballero andante más famoso de la literatura. La belleza de aquel oasis de atmósfera serena parece contener historias infinitas. Sin embargo, el único testimonio que he hallado —más allá de su fascinante origen— son apenas unas menciones breves y un par de imágenes tomadas hace un siglo por algún fotógrafo anónimo, como prueba de que el tiempo apenas ha rozado el verdadero rostro del Bosque. Quizás su ubicación, casi perdida entre los ahuehuetes centenarios, ha favorecido el silencio interrumpido por quienes preferimos compartir y disfrutar las maravillas de la ciudad antes de que desaparezcan.

Mientras avanzo por esta senda solitaria, recuerdo que *Chapultepec* es una palabra náhuatl que significa "cerro del chapulín"; siempre he admirado la capacidad que tenían los antiguos pobladores del Valle de México para observar su entorno y darle nombres profundos a la tierra que habitaron. Mucho antes de que la ciudad perdiera casi todos sus ríos, este cerro era considerado un lugar sagrado por los asentamientos mesoamericanos, no solo por su veneración hacia la fuente de la vida, sino por ser uno de sus abastecimientos principales de agua dulce.

El Bosque también perduró como uno de los sitios favoritos para el descanso. Su abundancia de manantiales, caminos frondosos y vistas privilegiadas lo convirtieron en un refugio natural. Aquel paisaje transparente fue adorado en otros tiempos por los tlatoanis y más tarde cautivó las miradas extranjeras de exploradores como Humboldt, quien lo documentó con detalle en sus observaciones científicas. También fue escenario de hallazgos inesperados para viajeras curiosas como Madame Calderón de la Barca, cuya visión del México decimonónico quedó inmortalizada en sus ingeniosas cartas.

Además, la emperatriz Carlota de México adoptó como morada y jardín al Bosque durante su fugaz reinado. El propio Hernán Cortés intentó apropiarse de estas tierras como parte del botín que le dejó la Conquista. Sin embargo, su ambición fue detenida por una cédula real emitida por el rey Carlos I de España y fechada al 25 de junio de 1530. Esta, devolvía el Bosque «a perpetuidad a la Ciudad de México».

No sabemos si esa mítica orden del pasado durará para siempre, pero han transcurrido 495 años desde que el Bosque de Chapultepec se estableció oficialmente como un lugar de recreo y descanso para los habitantes de la capital mexicana. Incluso hoy, sigue siendo uno de los destinos más visitados por locales y viajeros.

Al igual que la ciudad, parece que el Bosque es interminable. Pues alberga todo tipo de diversiones para experimentar, desde el famoso zoológico hasta el imponente Castillo, escenario de algunos de los episodios más memorables de la historia mexicana.

La inmensidad del ente vivo por el que caminamos, soporta más de veinte millones de visitantes anuales. Y aún así, existen rincones donde sigue reinando el silencio y los rumores de la naturaleza. Es muy extraño que el fantástico destino al que nos dirigimos haya pasado inadvertido como escenario literario. Hasta ahora he encontrado noticias, poemas, crónicas, cuentos y novelas ambientadas en las zonas más conocidas de Chapultepec. Pero sobre la fuente fantástica... apenas un murmullo. Es como si ese lugar tan evocador existiera en un plano secreto del bosque.

Un grito lejano me hace recordar que el paisaje sonoro se ha modificado en menos de diez pasos. Me gusta entrar a la Primera Sección por la Avenida Grutas para admirar la ilusión del lago artificial e imaginar cómo era aquella ciudad delineada por caminos de agua. Ya desde ahí, empieza la interminable fila de vendimia que abastece a los paseantes de chicharrones, algodones de azúcar, silbatos de jaguar, llaveros con la forma de la Piedra del Sol, sombreros, sandalias, imanes, helados y toda clase de curiosidades que los viajeros del pasado no sospecharon.

Mi novedad favorita son los monos de colores que decoran la mayoría de las cabezas de los transeúntes. Nadie sabe con certeza cuál fue su origen, pero un día se convirtieron en el *souvenir* más icónico de Chapultepec. Estos juguetes de peluche, conocidos popularmente como «changos miones», tienen un mecanismo que les permite arrojar agua por la cola para que sus dueños empapen a sus acompañantes.

Además, el ingenio mexicano se refleja en la decoración extravagante de este emblemático juguete, pues algunos llevan sombreros charros, máscaras de luchadores, coronas brillantes, lentes de sol, disfraces de superhéroes o elementos temporales como gorros navideños durante la época decembrina. Su popularidad ha crecido tanto, que el único castillo monárquico de América, destinó uno de sus rincones para una "guardería" donde los visitantes pueden dejar sus juguetes mientras recorren el museo. Me pregunto qué pensaría el fantasma de López Velarde si pudiera salir de su calzada para encontrarse con esta muchedumbre colorida, que porta con orgullo un sombrero tan peculiar.

Entre todo este alegre alboroto es casi imposible pensar que dejando atrás la Avenida Heroico Colegio Militar, exista un espacio apenas devorado por el tiempo. La marea de sonidos se va apagando al caminar entre los bustos que pocas personas se detienen a admirar. Desconozco quién eligió al parnaso de bronce que hoy pasa inadvertido entre ramas y ahuehuetes. Pero todo indica que la Calzada de los Poetas fue trazada en 1901.

A lo largo de este camino centenario nos acompañan los bustos de nueve hombres y una sola mujer. Esculpidos a partir de la década de 1930 por Ernesto Tamariz, Ignacio Asúnsolo y José Santiago León Callejas, un artista enigmático y prácticamente desconocido que retomaremos en otro capítulo. Cada monumento se acompaña con una lápida de piedra que enmarca los versos que los poetas «dejaron sin saber para quién ni cuándo»; además se les colocó su nombre con letras doradas pero el abandono y el descuido las ha dejado huérfanas o derruidas. Así que en algunos casos, solo por los rostros podemos adivinar qué inmortal habita entre las sendas de Chapultepec.

Afortunadamente, Sor Juana aún conserva todas sus letras y goza de un paisaje encantador. Aunque la mejor vista le tocó a Juan Ruiz de Alarcón: desde su pedestal, el lago menor se revela enmarcado por la forma serpenteante de una enredadera que trepa el tronco agrietado del árbol más cercano. Ese árbol, portador de historias grabadas en su voluminosa corteza, extiende sus ramas y hojas como brazos que abrazan iniciales encerradas en corazones torcidos, quizás el último testigo de un amor que ya no existe. En el centro del lago hay un islote poblado de garzas que conviven con familias de patos y peces que aparecen y se desvanecen en las profundidades del agua.

Miro a mi alrededor y me pregunto cuántos de nosotros compartimos el recuerdo del Bosque. En mi memoria se dibujan las siluetas nebulosas de bailarinas reflejadas en la quietud nocturna del lago. Recuerdo un aire helado combatido por el chocolate caliente que pasaba mi abuela de mano en mano y la música de Tchaikovsky resonando en el mejor escenario que ha tenido *El lago de los cisnes* en la Ciudad de México. Las enormes copas de los árboles aún parecen recordar ese espectáculo y sus propias ramas cubren el piso en una tenue danza de luces y sombras.

Cada vez que paseo por la ciudad, mi mente se llena de evocaciones. Pero veníamos en busca de un secreto que ya se va revelando al final de la Calzada de los Poetas. La mirada de Salvador Díaz Mirón se dirige a una verdosa escultura que congeló a un flaco y viejo caballero montado en su caballo, portando una larga lanza que apunta al cielo. A pesar de su rigidez, parece que en un momento de descuido, el jinete cabalgará hacia las nubes. Muy cerca de ahí, una placa nos indica que hemos llegado al Paseo del Quijote, y en unos cuantos pasos cualquier sonido exterior será sustituido por la suave caída del agua que parece llamarnos para conocer a otro prisionero de las palabras.

La fuente del Quijote se ha ocultado en el Bosque desde hace poco más de cien años. Su nombre alude a los mosaicos de azulejos incrustados en las bancas de piedra que cuentan las aventuras del caballero de la triste figura. En realidad, este espacio encantador es la réplica de una plaza octogonal que nació en España y en esas tierras se registró como la "Glorieta de Cervantes". Aunque algunas postales de la época bautizaron al lugar como "Glorieta de Don Quijote". El espacio original todavía existe en el Parque de María Luisa, en Sevilla. Aunque fue construido allá en 1913, su gemelo mexicano no apareció en el Bosque de Chapultepec sino hasta 1922.

El diseño fue obra del arquitecto sevillano Aníbal González Álvarez-Ossorio, director de las construcciones realizadas para la Exposición Iberoamericana de 1929, celebrada en esa misma ciudad. El arquitecto concibió un espacio maravilloso para homenajear al autor de *El ingenioso hidalgo don Quijote de la Mancha*, pues además de dotar las bancas de azulejos decorados con escenas emblemáticas de la obra, proyectó este rincón como una biblioteca al aire libre. Para ello diseñó dos columnas que se oponen en los extremos del octágono; una está coronada por la escultura ecuestre de Alonso Quijano y la otra por la de Sancho Panza montando su burro. En el centro de la glorieta se plantó una araucaria, uno de los pocos árboles que puedo reconocer porque sus hojas parecen cientos de ramos de serpientes.

Al ver este refugio tan encantador, el entonces embajador de México en España, Miguel Alessio Robles, mandó a construir una réplica que viajó hasta nuestro Bosque y lo dotó de un pequeño paraíso literario. En sus memorias, Alessio Robles cuenta que tras ver la fuente artística en el Parque María Luisa fue en busca de Montalván, ceramista responsable de la obra, para encargarle una réplica destinada al Bosque de Chapultepec. La casa de cerámica se ubicaba en el barrio sevillano de Triana, pero antes de enviarla a

México, la réplica pasó por Madrid. También cuenta que uno de los comisionados para elegir el lugar del Bosque en el que se instalaría la fuente, fue Diego Rivera.

Me intriga comparar las imágenes del pasado. En una fotografía de 1930 quedó congelada la quietud de la Fuente del Quijote. Se trata de una imagen monocromática que capturó elementos extraños: un hombre de traje que me observa fijamente, un perro al fondo del camino, una dama borrosa y un grupo de parejas que se alejan de la plaza con los brazos entrelazados.

Al parecer, los mismos árboles de troncos gruesos siguen custodiando las cuatro bancas de concreto, y los rayos del sol aún se filtran entre las ramas tristes, medio vencidas, que salpican el suelo con sus sombras.

La esencia de este tesoro oculto entre las fauces del Bosque sigue siendo prácticamente la misma, aunque tiene matices que sin duda han aumentado su belleza. Por ejemplo, hoy nos recibe una preciosa fuente escultórica que sustituyó la sobriedad de la que se vislumbra al centro de la plaza en la antigua fotografía. Se trata de un conjunto de tres sirenas que parecen estar suspendidas en las profundidades de un mar invisible. Dispuestas espalda con espalda, rodeando el centro de la fuente, sus verdosos y húmedos cuerpos bañados de reflejos amarillos, forman un círculo armonioso. Como si ofrecieran un concierto eterno, cada una sostiene un instrumento marino que sumerge el entorno de la plaza en su silenciosa sinfonía.

Sobre la cabeza de cada figura descansa como corona un pez con ojos enormes, inmóvil e hipnotizado por la música del agua. La punta de su cola tapa sutilmente los oídos de las sirenas, como si las protegiera del murmullo acuático de su canto. Para contemplar a cada una de frente, el espectador debe caminar alrededor del conjunto, pues para ellas es imposible contemplarse entre sí.

La primera sirena que se aprecia al acercarse al centro de la fuente, extiende una de sus manos a modo de invitación mientras aprieta contra su pecho una pequeña castañuela moldeada como una concha marina sin perla. Con este gesto, nos seduce para desviar el rumbo y detenernos a escuchar la melodía que comparte con sus hermanas.

La segunda sopla gentilmente un alargado caracol-trompeta que descansa sobre la delicadeza de su hombro. La tercera porta una sonrisa enigmática. Su mirada parece dirigirse a una audiencia invisible, suspendida en otro plano. Con sus delicadas manos hace sonar una guitarra sin cuerdas, de brazo trenzado y cuerpo formado por esas caracolas que transportan el susurro de las olas, por más lejos que se encuentren del océano.

El chorro de agua que emana de la parte superior de la fuente, está rodeado por los largos cabellos de las sirenas y se desliza por sus torsos desnudos. Recorre sus brillosas escamas y se dispersa en la flor de aletas formada por las náyades.

Debajo de ellas hay un tapiz de mosaicos naranjas que cubre todo el piso de la plaza. En el centro de la fuente se despliega una inscripción de letras azules que conforma uno de los guiños más importantes que influyeron en el nombramiento de este espacio. Para leer el texto completo, también se debe rodear la base octogonal de la fuente, que descubre en cada paso el comienzo de uno de los libros más hermosos de la historia y que desde su publicación en 1605 sigue dándonos razones para soñar: *En un lugar de la Mancha de cuyo nombre no quiero acordarme no ha mucho tiempo que vivía un hidalgo de los de lanza en astillero, adarga antigua, rocín flaco y galgo corredor...*

Tras esa breve lectura, es momento de pasar a las bancas de concreto que narran las aventuras del hombre de la Mancha. En el diseño sevillano, las cuatro se recubrieron con 368 azulejos de colores que resumen de forma gráfica la obra cervantina.

Para diseñarlas, el ceramista Pedro Borrego Bocanegra utilizó la técnica de la cuerda seca, la cual se remonta a la época Omeya y requiere de un proceso artesanal complejo y muy característico del estilo regionalista de la capital Andaluza. Además, el propio Aníbal González indicó que las escenas de los azulejos debían inspirarse en las ilustraciones incluidas en una fastuosa edición del libro inmortal, conocida como el Quijote del Centenario. Esta edición fue publicada por entregas entre 1905 y 1908, y contenía dibujos del artista sevillano José Jiménez Aranda.

La Glorieta tuvo tal éxito, que además de renovar el interés por la lectura del Quijote, se hicieron réplicas en sitios como Málaga, Alcázar de San Juan y la Ciudad de México.

En nuestra urbe, la fuente terminó de instalarse en 1923 y aunque sus 250 azulejos fueron restaurados como parte de las obras de rehabilitación iniciadas en julio de 2021, noto que algunos ya presentan desprendimientos. Estos detalles menores no restan valor a las hermosas escenas representadas en los azulejos. Entre ellas, se puede distinguir a Alonso Quijano devorando sus libros de caballerías, la trágica quema de su biblioteca y su famosa lucha contra los molinos de viento. La paleta de colores seleccionados para los azulejos consta de pocos tonos (verde, amarillo, café, naranja y azul), integrados perfectamente con la naturaleza que rodea la plaza. También se pueden encontrar retratos de Miguel de Cervantes y los personajes principales de su obra, incluyendo al viejo rocinante.

Detrás de una de las bancas se vislumbra un río artificial, creado a partir de las aguas recicladas de la planta de tratamiento del Bosque, que abastece al lago Menor y Mayor de la Primera Sección. Definitivamente esta joya arquitectónica es un espacio fascinante para adentrarse en el universo quijotesco y aunque no recuerdo la aparición de las sirenas, tan solo la fuente es razón suficiente para sentirnos afortunados por conservar un tesoro como este en la ciudad. Sin embargo, no todos los elementos que han formado parte de la plaza cervantina han tenido la suerte de llegar hasta nosotros.

Una mañana de 1974 las esculturas de Alonso Quijano y Sancho Panza desaparecieron del Bosque sin dejar rastro, nunca se dieron detalles del robo ni pudieron recuperarse. Curiosamente, las esculturas originales sevillanas también fueron robadas y de igual modo tuvieron que reponerse para la Exposición Universal de Sevilla en 1992 pero corrieron la misma suerte que sus antecesoras.

En tierras mexicanas, para sustituir el vacío que dejaron los personajes principales del Quijote, se acudió a José María Fernández Urbina. En sus nuevos diseños, el escultor decidió sustituir la cara del hidalgo por la del artista Salvador Dalí y la del escudero por la del muralista mexicano Diego Rivera. En el año 2015 dichas piezas fueron robadas nuevamente.

Tuvieron que pasar seis años más para que las autoridades del Bosque iniciaran una restauración a la plaza que convertiría la fuente en el espacio abierto que hoy podemos disfrutar. Además de sustituir las esculturas por réplicas para evitar que las desapariciones se siguieran repitiendo, se retiró la reja perimetral que desde 1985 solía proteger uno de los secretos mejor guardados de Chapultepec y se realizaron diversas mejoras para devolverla a la vida.

Mucho antes de su deterioro, la fuente con todo y sus esculturas originales fue visitada por un personaje singular. De julio a octubre de 1925, el poeta, dramaturgo y pintor ruso, Vladimir Maiakovski, visitó América y eligió como uno de sus destinos nuestra Ciudad de México. Las impresiones de su viaje quedaron plasmadas en un libro titulado *Моё открытие Америки* (*Mi descubrimiento de América*). En las páginas dedicadas a nuestra urbe menciona que ninguna nueva construcción de la ciudad le había impresionado. Faltaban casi diez años para la inauguración del Palacio de Bellas Artes así que le tocó verlo como "un esqueleto de vigas de hierro". Más adelante dedica un par de líneas a la Fuente del Quijote en Chapultepec:

> Lo que sí me gustó fue el monumento a Cervantes (una copia del de Sevilla). Una plazoleta elevada, rodeada por bancos de piedra, con una fuente muy útil para el calor mexicano en el centro. Los bancos y las bajas paredes están alicatados con azulejos que reproducen las aventuras de Don Quijote en una serie de escenas sencillas... hay dos pequeños armarios con sus libros, que los mexicanos más exquisitos hojean desde hace ya muchos años.

Precisamente otra ausencia que destaca al contrastar presente y pasado son los libros que hace casi un siglo llenaban los anaqueles de ambas columnas, como se puede observar en fotografías capturadas en la década de 1920. En algunas imágenes, la plaza aparece desierta y en otras se alcanzan a ver un par de jóvenes con libros entre sus manos.

Según José Rojas Garcidueñas, en 1925 uno de los estantes contenía ejemplares de *El Quijote*, mientras que el otro albergaba la colección completa de clásicos encuadernados en tela verde, editados por José Vasconcelos en la Secretaría de Educación Pública. Además, Garcidueñas menciona la obra teatral titulada *La fuente del Quijote*, estrenada el 31 de mayo de 1930 en el Teatro Ideal. En aquellas fotografías, sin embargo, no se alcanza a contemplar la pequeña cabaña de madera ubicada a unos pasos de la plaza, que en algún momento funcionó como "La Biblioteca de El Quijote".

De acuerdo con las autoridades de Chapultepec, en los años 20 y 30 del siglo pasado, la biblioteca era entrañable para los visitantes y fue cerrada alrededor de 1950 para preservar el espacio. Lamento que la función original imaginada por Aníbal González haya sido prácticamente olvidada. En lugar de ejemplares, los estantes de piedra han acumulado hojas secas, polvo e insectos transitorios.

En una de mis visitas a la fuente del Quijote me llevé la sorpresa de encontrar dos libros viajeros, aquellos ejemplares sin dueño que se dejan en la ciudad para que azarosamente lleguen a las manos de lectores anónimos. En toda mi vida me han encontrado tres ejemplares de ese tipo: el primero apareció en las aceras de Madrid como regalo navideño del universo; el segundo me vio correr para adoptarlo entre los viejos muros del Antiguo Convento de San Jerónimo y el tercero en uno de los anaqueles de la Fuente del Quijote. Este último, decidí dejarlo con la esperanza de que aquellos estantes volvieran a llenarse de libros.

En pleno siglo XXI, aún he visto a locales y viajeros sorprenderse con la belleza de este espacio. Sin embargo, hoy nadie ha permanecido en la plaza quijotesca por más de dos minutos.

El entorno es lo bastante atractivo como para pasar horas contemplando la melodía infinita del agua, el canto de las aves y el roce de las hojas. Pero las pocas personas que han llegado hasta aquí han preferido aprisionar el paisaje en sus celulares y seguir su camino.

Aun así, al ver la emoción que este hallazgo sigue despertando en quienes lo descubren por primera vez, mantengo la ilusión de que permanecerá en el tiempo: como un rincón entrañable y escondido en el corazón del bosque, que seguirá contándonos historias.

de las hojas. Pero las pocas personas que han llegado hasta aquí han preferido apisonar el paisaje en sus celulares y seguir su camino.

Aun así, vale la emoción que este hallazgo [illegible] despierta, tanto en quienes lo descubren por primera vez. Mantengo la ilusión de que permanecerá en el tiempo como un rincón conservable y escondido en el corazón del bosque, que seguirá contando historias.

CAPÍTULO 2

La odisea de las piedras

Me gustan las coincidencias, las casualidades que atraviesan mares, siglos, y terminan por unir destinos improbables. Aunque casi toda mi vida he habitado esta ciudad, aún sigo encontrando secretos y misterios sin resolver. Uno de mis favoritos ha sido el origen de la capilla gótica y el claustro románico, que hoy forman parte de las instalaciones del Instituto Cultural Helénico. En este asombroso lugar conviven piedras medievales genuinas con la modernidad de la Ciudad de México, pero ¿cómo llegaron esos vestigios del viejo mundo a nuestras calles?

La primera vez que me hice esa pregunta fue en ese lugar, mientras escuchaba un concierto de Vivaldi. Ahí comprendí que a veces los caminos menos esperados nos conducen a descubrir lo inmemorial. Durante el evento nos contaron que el día en que Antonio Vivaldi nació, la tierra tembló, como si anunciara su paso por el mundo. Hoy se le considera uno de los compositores más célebres de la historia y a pesar de haber escrito más de 800 piezas musicales, su concierto más conocido sigue siendo *Le quattro stagioni* (*Las cuatro estaciones*), cuyas partituras fueron publicadas en 1725. A través de esa pieza, Vivaldi utilizó la música de forma narrativa: evocando con instrumentos de cuerdas el sonido de las tormentas, los paisajes, sentimientos, animales y actividades asociadas con cada época del año. Quizás la razón por la que recordamos tanto ese concierto del veneciano es porque somos seres hechos de historias y nos encanta escucharlas en todas sus formas.

Existe, además, una conexión inesperada entre Vivaldi y la Ciudad de México. Un 14 de noviembre de 1733 se estrenó en Venecia su ópera *Motezuma,* inspirada en un libro sobre la conquista de Tenochtitlán. Tras la muerte del compositor, muchas de sus partituras se extraviaron durante siglos, incluida la música que alude al último tlatoani mexica. Tuvieron que pasar casi 300 años para que la partitura reapareciera en una biblioteca alemana.

No me esperaba que en un concierto de música compuesta en el siglo XVIII fuera a aprender tanto, especialmente entre los muros de un entorno tan singular. Esa experiencia me abrió los ojos ante la posibilidad de que, en cualquier instante, el pasado puede manifestarse de formas repentinas como la travesía de la propia capilla.

En esta esquina discreta del número 1500 en la Avenida Revolución, su silueta emerge con una presencia inusitada. Sus arcos de piedra envejecida evocan una Europa medieval que parece ajena al bullicio de la capital mexicana. No es un espacio inmediatamente visible, pues esa dirección es más conocida por albergar una sucursal de El Péndulo, considerada como una de las librerías más hermosas de la Ciudad de México. Al fondo del patio que divide la librería y las oficinas del Instituto, se encuentra un jardín que poco a poco nos hace sentir como si viajáramos en el tiempo. La mayoría de sus eventos culturales ocurren de noche, pues durante el día funciona como una universidad especializada en Artes y Humanidades.

El acceso a la capilla se realiza a través de un claustro románico de columnas dobles, cuyos capiteles están adornados con extrañas figuras antropomorfas y hojas finas, creando un ambiente único. El interior de la capilla es hoy un escenario maravilloso que nos transporta a la época medieval para disfrutar obras de teatro y conciertos entre paredes de piedra, coloridos vitrales, arcos apuntados y la temblorosa llama artificial de las velas colocadas en las columnas y pisos para decorar sin correr el riesgo de perderlo todo.

La travesía de este conjunto, marcada por el desplazamiento y la fragmentación, es un ejemplo del destino errante de muchas piezas arquitectónicas y artísticas, que lejos de sus orígenes, encuentran un nuevo hogar en territorios distantes. Esas piedras debieron viajar miles de kilómetros para llegar hasta nosotros, pero su verdadera procedencia sigue siendo un enigma, al menos para mí.

Aunque el conjunto medieval ha permanecido por más de 70 años en el mismo sitio, durante más de medio siglo diversos medios mexicanos siguen afirmando que originalmente pertenecía a un convento ubicado en Ávila. Sin embargo, los estudios más recientes del Instituto Cultural Helénico indican que en realidad las piedras provienen del Monasterio de Santa María de Óvila y del conjunto conventual de Sacramenia. Por lo que he investigado, ambas aseveraciones podrían estar equivocadas.

Quizás la parte más certera de la historia es que nuestro conjunto arquitectónico fue adquirido por William Randolph Hearst, también conocido como "El gran acaparador". Hearst fue uno de los hombres más ricos y poderosos de su tiempo, pues para la década de 1930 había construido el imperio mediático más grande de los Estados Unidos. Su vida, rodeada de escándalos y excentricidades —como la compra compulsiva de edificios europeos—, inspiró una de las mejores películas de la historia: *Citizen Kane* de Orson Welles, estrenada en 1941, una década antes del fallecimiento del magnate.

Me parece muy curioso que la última escena del filme ocurra entre la atiborrada colección artística acumulada por el fallecido Charles Foster Kane. La cámara recorre lentamente todo el espacio como si nos mostrara una ciudad compuesta por altos edificios hechos de cajas y torres de antigüedades. Ahí, algunas de las pertenencias del personaje son quemadas sin que nadie sepa que la clave del misterio se fundirá con las cenizas de un insospechado trineo. Como si fuera un presagio, esa imagen retrata lo que iba a ocurrir con la colosal colección artística de Hearst.

Me parece probable que las cajas de madera retratadas en la película sean una alusión a la realidad, ya que se sabe que entre su inmenso tesoro había más de diez mil contenedores similares resguardando los monasterios y claustros medievales europeos, transportados piedra por piedra en un viaje intercontinental. Tal vez algunas de ellas fueron las que llegaron a la Ciudad de México.

Para explicar el origen de la llamada "capilla gótica" y "claustro románico" que terminó en nuestra ciudad, se cuenta que las piedras provenientes de Santa María de Óvila y Sacramenia, fueron adquiridas por William Randolph Hearst entre 1925 y 1926, y que nunca llegó a ver sus claustros medievales reconstruidos. Después de su muerte en 1951, sus herederos pusieron a la venta muchas de las piezas de su vasta colección. Fue en 1953, cuando el empresario y coleccionista queretano Nicolás González Jáuregui cubrió la deuda de almacenamiento de varios años para obtener uno de los lotes que incluía parte del tesoro de Hearst. Jáuregui transportó las piedras a México para integrar el conjunto arquitectónico en su casa, ubicada en un terreno que formaba parte de la Hacienda de Guadalupe en San Ángel.

En su blog "Grandes Casas de México", el investigador Rafael Fierro, apunta que en 1954 Jáuregui integró a su propiedad "un claustro románico español del siglo XII y una capilla gótica del XIV dedicada a San Nicolás de Bari". El arquitecto encargado de reconstruir dichos elementos fue Luis Ortiz Macedo, quien tuvo que enfrentarse a un rompecabezas de tres dimensiones y armarlo con otros elementos arquitectónicos. Por ejemplo, para completar las arcadas del claustro se compró una portada plateresca originaria de Guanajuato, cuya piedra tiene un color ligeramente rosado que marca el contraste entre los elementos mexicanos y los europeos.

En el interior de la capilla se añadieron piezas con diferentes procedencias, como una chimenea francesa, un artesonado español del siglo XVI, gobelinos flamencos y pinturas religiosas. Aunque a diferencia de Hearst, Nicolás Jáuregui sí pudo disfrutar de su casa, incluso dirigió la edificación de las piedras medievales, también fue alcanzado por una crisis que le hizo perder sus posesiones a manos del Gobierno Federal en la segunda mitad del siglo XX. En 1979, su casa y parte de su valiosa colección de arte fueron donadas al Instituto Cultural Helénico bajo un decreto expedido por el gobierno de José López Portillo.

Hasta este punto la procedencia de la capilla y el claustro suena fascinante, sin embargo no es del todo cierta. Cuando empecé a investigar la odisea de sus piedras encontré que en Estados Unidos tienen un registro fotográfico minucioso de los claustros adquiridos por Hearst. Me sorprendió ver fotografías en blanco y negro retratando las miles de cajas que viajaron en barco de España a Estados Unidos. También existen imágenes del proceso de reconstrucción, notas de transacción para los traslados y artículos periodísticos variados: algunos alabando la hazaña y otros criticando los métodos de Hearst.

Con la esperanza de revelar el misterio pregunté a colaboradores del Instituto si existían fotografías del montaje en México o algún otro documento que probara su procedencia española. Hasta el momento no he recibido un documental que supuestamente incluye algunos antecedentes pero sí me compartieron una tesis escaneada con subrayados y taches, indicando que alguien más dudó de la información presentada, a pesar de que una de las fuentes citadas era una entrevista con el propio Jáuregui.

Lo que sí encontré, fueron diversos libros e investigaciones realizadas desde España, con un enfoque en la pérdida del patrimonio y la búsqueda de sus piedras. Después de formular mis propias teorías encontré una conferencia que me dejó sin palabras. En el 2013, el Dr. José Miguel Merino de Cáceres, quien ha estudiado profundamente la expatriación del patrimonio artístico español hacia Estados Unidos, compartió sus hallazgos sobre el conjunto arquitectónico ubicado en la Ciudad de México.

Aunque no se especifica el año de su visita a la capital mexicana, en la conferencia narra que al encontrarse con nuestra capilla notó que la arquitectura no tiene ningún parecido con los conventos españoles que tanto ha estudiado. Menciona que al visitar el recinto no lo dejaron tomar fotografías ni indagar más sobre el asunto. Mientras muestra un plano que él mismo dibujó con base en medidas tomadas "a pie" narra lo siguiente:

> No me echaron a patadas pero poco les faltó. Vean de qué forma montan los claustros... de una forma torpísima, yo creo que los arcos están colocados ahí a sentimiento, yo no he visto nunca un arco románico elíptico...está muy mal ensamblado.

Después de recrear los planos de los conventos españoles, dar con el verdadero paradero de sus piedras y revisar exhaustivamente el catálogo de Hearst (conservado en la Universidad de Long Island) llegó a una conclusión que me parece desconcertante: ni Santa María de Óvila ni Sacramenia estaban en el lote adquirido por Jáuregui.

Cuando terminé de ver la conferencia busqué de inmediato el contacto del Dr. Merino para entrevistarlo, pero lamentablemente falleció hace un par de años. Entre los libros que escribió se encuentra un grueso volumen con más de 700 páginas en el que rastrea las edificaciones españolas adquiridas por Hearst. Esa investigación comparte autoría con la Dra. María José Martínez Ruiz, especialista en coleccionismo de arte y dispersión del patrimonio español. Afortunadamente a ella sí pude contactarla y me dijo que considera muy extraña la información que se ha difundido en torno a las arcadas ubicadas en el Instituto Cultural Helénico, pues “nada tienen que ver con la arquitectura abulense”.

Respecto al convento cisterciense de Santa María, la editorial AACHE me confirmó que ninguna de sus piezas estuvo destinada para México y que la mayor parte de ese convento se encuentra en San Francisco mientras que sus ruinas aún se ubican en España. Bajo el sello de AACHE se publicó la segunda edición de *El Monasterio de Óvila*, un hermoso libro publicado en 1932 por el cronista oficial de la provincia de Guadalajara, Francisco Layna Serrano. Su obra fue una defensa del monumento expatriado, pues Layna Serrano fue testigo del expolio y uno de los intelectuales de la época que se opuso públicamente al desmantelamiento del monasterio. A partir de los datos proporcionados por las fuentes anteriores, encontré de dónde podría venir la confusión y una posible explicación para el origen de nuestro conjunto.

En 1919, William Randolph Hearst inició la construcción de una enorme mansión en California, donde pretendía integrar piezas de edificaciones auténticas medievales. Para lograrlo, contrató a la arquitecta Julia Morgan y a un grupo de agentes de compras distribuidos en Europa.

Arthur Byne fue uno de sus principales agentes, quien oportunamente se encontraba en España desde 1914 estudiando la arquitectura del país, pero también se volvió agente de compras millonarias para coleccionistas estadounidenses. Fue en 1925 cuando Byne encontró el claustro románico de Sacramenia, sin embargo en la extensa correspondencia que intercambió con Julia Morgan sobre el traslado, pedía mucha discreción y revelaba sus sobornos a la prensa, políticos y religiosos para concretar la compra del inmueble en silencio.

Los embalajes de las piedras fueron enviados a Nueva York en 1926 y se quedaron en cuarentena durante 30 meses porque se pensaba que la paja con la que estaban empaquetadas las piedras podría propagar la fiebre aftosa. Para solucionar el asunto, las autoridades portuarias quemaron la paja sin saber que ahí también venían los planos de reconstrucción. Este inconveniente le costó miles de dólares a William Randolph Hearst y además retrasó sus propósitos originales.

Casi tres años más tarde y en otro intento por utilizar las piedras españolas, concibió un ambicioso proyecto: crear un museo de arte medieval, que pensaba instalar en la Universidad de Berkeley, pues en ese entonces ya contaba con siete claustros medievales de origen europeo. Durante la misma época, David Rockefeller estaba desarrollando un recinto similar en Nueva York, que hoy es parte del

Metropolitan Museum of Art (MET) y está instalado en una sección del recinto, llamada *The Cloisters.* El museo proyectado por Hearst tampoco se concretó y con la Gran Depresión de Estados Unidos (1929), comenzó el declive de su fortuna.

A pesar de la crisis, en 1930 Hearst compró otro edificio español: el Monasterio de Santa María de Óvila, ubicado en Trillo, Guadalajara. Arthur Byne volvió a coordinar la operación mercantil para trasladarlo desde España hasta San Francisco. Casi un centenar de obreros se encargaron de la demolición y, tras finalizar el arduo trabajo, los primeros cargamentos empezaron a llegar a norteamérica en 1931. Sin embargo, el costo de almacenaje de las piedras se volvió impagable para el decaído magnate, quien tampoco tenía suficientes fondos para invertir en la reconstrucción. Con el fin de enfrentar la situación económica, se tuvieron que liquidar muchas propiedades y empresas pero Hearst se aferró a las piedras de Santa María porque con ellas planeaba construir una nueva propiedad, conocida como "Mountolive". Su intención era que dicha casa sustituyera al castillo que había tenido en Wyntoon, el cual se había incendiado en 1930.

El destino de las piedras se volvió incierto hasta 1941, cuando Hearst decidió ceder el cargamento a la ciudad de San Francisco. Walter Heil, entonces director del *De Young Museum,* pensaba reconstruirlo en el Golden Gate Park de San Francisco para albergar un museo de arte medieval. Ese proyecto tampoco pudo concretarse por la crisis derivada de la Segunda Guerra Mundial.

En los años siguientes, muchas cajas del cargamento se incendiaron, la mayoría de las piedras de la iglesia se perdieron y solo 60% de la sala capitular se valoró con posibilidades de reconstrucción. Casi todos los intentos sucesivos por levantar las piedras fallaron. Hasta 1999 se comenzó el montaje para darle una nueva vida a la sala capitular en Viña, pues una comunidad religiosa de la zona solicitó las piedras al museo en San Francisco para renovar y ampliar su monasterio. Dicha empresa se realizó con la colaboración del Dr. Merino, quien desafortunadamente identificó que esas piedras eran todo lo que se podía rescatar de las que habían llegado en 11 barcos a California en 1941.

La historia anterior demuestra que Nicolás González de Jáuregui no pudo haber comprado parte de Santa María de Óvila dentro del lote correspondiente a la capilla gótica y el claustro románico que adquirió en 1953, como se afirma. Aunque las fuentes del Instituto Cultural Helénico indican que la subasta fue realizada por los herederos de Hearst tras su muerte en 1951, la venta de sus propiedades y colecciones de arte había comenzado con varios años de anticipación.

La primera subasta ocurrió en 1938. Un año antes de iniciar las ventas se realizó el inventario y la catalogación de sus posesiones, las cuales fueron divididas en lotes de acuerdo a su clasificación. Los álbumes de aquel titánico trabajo se encuentran en la Universidad de Long Island y solo las descripciones de los objetos pueden consultarse de forma digital. Actualmente se dividen en 15 colecciones distintas, entre las que se encuentran "manuscritos y dibujos", "cuadros", "edificios y partes", "vidrieras" y "armaduras". Las subastas fueron realizadas entre 1939 y 1963 de forma temática, pero ninguna de ellas ocurrió en 1953. La subasta más cercana a esa época sucedió el 7 y el 8 de diciembre de 1951 y efectivamente se vendieron piezas de arquitectura, que incluían el monasterio de

Sacramenia, cuyas piedras habían permanecido ocultas en los almacenes durante más de veinte años.

Los compradores fueron William S. Edgmon y E. Raymond Moss, quienes planeaban crear un complejo turístico en Miami. Para ello, enviaron 36,000 piezas al puerto de Everglades (Florida) en 1953. Además de la cobertura de la prensa, se conservan fotografías sorprendentes que muestran un mar de cajas ante la mirada de un hombre desconcertado. Con una inversión de casi 20 millones de dólares, el laborioso montaje tomó 19 meses de trabajo. La proeza fue definida como "el rompecabezas más grande de la historia" por la revista *Time*. Pero los nuevos propietarios cometieron un error que los llevó a la ruina: el terreno donde se levantaron las piedras de Sacramenia estaba muy alejado del centro de Miami, así que se vieron obligados a cerrarlo y ponerlo a la venta.

Tuvo que pasar una década para encontrar a un nuevo comprador. En 1964 un banquero multimillonario llamado Robert Pentland Jr., compró los claustros y se los regaló al obispo de Florida. Desde entonces, ese lugar es conocido como *Monastery of St. Bernard de Clairvaux*, considerada como la construcción más antigua de Estados Unidos. Ahí se realizan diversos eventos como bodas, conciertos, clases, recorridos turísticos y sesiones fotográficas.

Si las piedras de Sacramenia tampoco llegaron a México, ¿de donde vino el lote comprado por Jáuregui? Hasta el momento, no he podido localizar en el Archivo de William Randolph Hearst la compra de alguna capilla, sin embargo hallé la descripción de los claustros europeos que ya poseía el magnate para el proyecto del museo de arte medieval y ninguno de ellos tiene procedencia española:

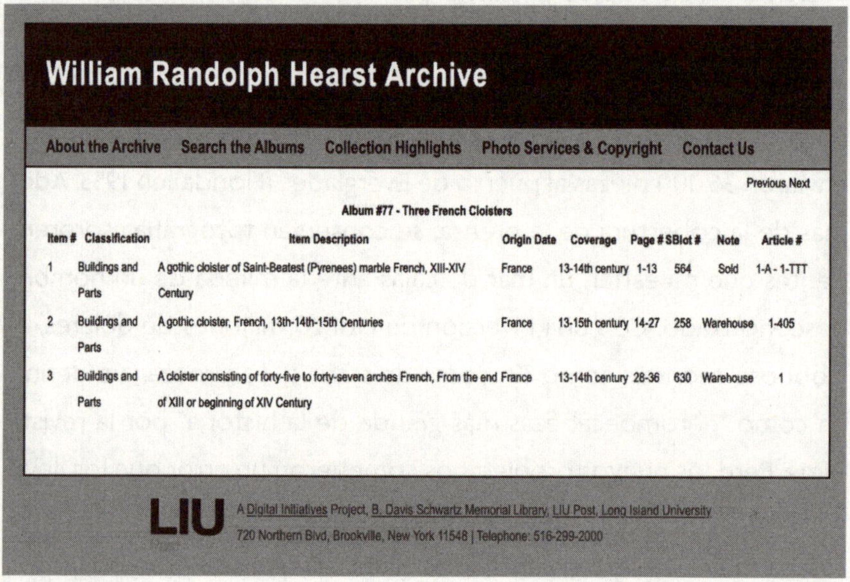

William Randolph Hearst Archive

About the Archive | Search the Albums | Collection Highlights | Photo Services & Copyright | Contact Us

Previous Next

Album #77 - Three French Cloisters

Item #	Classification	Item Description	Origin Date	Coverage	Page #	SBlot #	Note	Article #
1	Buildings and Parts	A gothic cloister of Saint-Beatest (Pyrenees) marble French, XIII-XIV Century	France	13-14th century	1-13	564	Sold	1-A - 1-TTT
2	Buildings and Parts	A gothic cloister, French, 13th-14th-15th Centuries	France	13-15th century	14-27	258	Warehouse	1-405
3	Buildings and Parts	A cloister consisting of forty-five to forty-seven arches French, From the end of XIII or beginning of XIV Century	France	13-14th century	28-36	630	Warehouse	1

LIU

A Digital Initiatives Project, B. Davis Schwartz Memorial Library, LIU Post, Long Island University
720 Northern Blvd, Brookville, New York 11548 | Telephone: 516-299-2000

El hallazgo de esa pista fue lo primero que me hizo dudar sobre las piedras ubicadas en el Instituto Cultural Helénico. Antes de encontrar el exhaustivo trabajo del Dr. Merino, envié un correo a Long Island para preguntar si alguno de esos elementos incluía imágenes o algún otro detalle útil para mi investigación pero aún no tengo nuevas noticias. Ese día pasé la madrugada buscando los catálogos de todas las subastas con posesiones de Hearst realizadas en Nueva York pero solo estaba disponible el acceso para revisar la de 1951 y ninguna de las fotografías incluidas se asemejaba a las columnas de las arcadas que llegaron hasta nosotros. Un par de días más tarde, encontré el libro *La destrucción del patrimonio artístico español. W.R. Hearst: «el gran acaparador»* del Dr. Merino pero solo estaba disponible en España.

En una de esas coincidencias que me hacen cuestionar la existencia del destino, mis tíos Sergio y Yolanda, quienes llevan varias décadas viviendo en Madrid, vendrían de visita a la Ciudad de México muy pronto. Pasaron dos días para que, gracias a la búsqueda incansable de mi familia, tuviera el ejemplar entre mis manos.

Gracias al asombroso libro entendí a dónde fueron a parar la mayoría de los claustros europeos incluidos en el Archivo de Hearst. El primero que aparece en el registro que encontré y que se repite en el libro, tiene una procedencia francesa pero tampoco puede ser el que se encuentra en el Instituto, porque está hecho de mármol. El segundo, también identificado como un claustro gótico francés, se encuentra en Nassau (Bahamas); fue reconstruido dentro de un lujoso hotel en el que se han hospedado personajes como Frank Sinatra, y su paisaje, enmarcado por el océano ha aparecido en dos películas de James Bond: *Thunderball* y *Casino Royale*. También sirvió como locación para el video musical de la canción *Help* de los Beatles.

El tercer claustro, compuesto por 45 a 47 arcos también está marcado con una procedencia francesa de finales del siglo XIII o principios del siglo XIV. Además, se incluyen notas con las medidas de los arcos y se especifica que fue comprado a Brummer Gallery, Inc., el 9 de agosto de 1930. Posteriormente, Hearst lo vendió nuevamente a la misma galería en 1941 por la cantidad de 20.000 dólares. Según el Dr. Merino, es posible que este claustro sea el que llegó a México.

Independientemente de su origen verdadero, sin duda es un espacio que nos lleva al asombro, ya sea por su arquitectura anacrónica o por la oportunidad de asistir a los conciertos, obras teatrales y otros eventos celebrados entre aquellas piedras que sí pudieron erigirse. Curiosamente, el azar las condujo a una colonia donde la nomenclatura de las calles alude a diversos músicos. Si uno camina por la calle Manuel M. Ponce, se encontrará con la cautivadora torre de piedra y el portón de madera que hoy forman parte de nuestra historia.

Si bien el origen de la capilla gótica y su claustro románico sigue siendo un enigma fascinante, no es el único caso de piedras viajeras en la Ciudad de México. Muy cerca, en el barrio de San Ángel, hay una silenciosa portada que desentona con las casonas que rodean la Plaza de los Licenciados. Originalmente formaba parte del Hospital Real de San José de los Naturales, una institución hospitalaria fundada en el siglo XVI por la orden franciscana para atender a la población indígena. El inmueble se encontraba en la calle San Juan de Letrán (hoy Eje Central), hasta que en 1934 el licenciado Luis Montes de Oca compra dicha fachada para trasladarla a su casa sanangelina.

Otro caso similar es la Casa de Cultura de Tlalpan, ubicada en la entrada que conduce a los ancianos árboles de uno de los espacios naturales urbanos más grandes de la ciudad. Originalmente, esta edificación, conocida como la "Casa de las Bombas", fue diseñada en 1927 por Alberto J. Pani en la colonia Condesa como parte de un sistema de suministro de agua impulsado en la última etapa del porfiriato. En otra coincidencia musical, el imponente edificio fue construido en el terreno que hoy ocupa la Plaza de los Compositores. Al ser una bomba que cumplía una función hidráulica, se elaboró con piedra de chiluca, tallada con motivos acuáticos como conchas, caracoles marinos, serpientes, tritones y un mascarón de Neptuno, perdido durante el traslado.

Después de que se inauguró la estación de bombeo de Xotepingo en Coyoacán, "La Casa de las Bombas" perdió su utilidad y cayó en el abandono durante treinta años hasta que se ordenó su demolición. Aunque se decidió conservar la bellísima fachada y sus piedras se trasladaron al Bosque de Tlalpan, quedaron olvidadas hasta 1986, cuando se decidió utilizarlas para albergar la Casa de Cultura del Bosque de Tlalpan. El arquitecto Pedro Ramírez Vázquez estuvo al frente de la reconstrucción, utilizando las piedras que hoy cuentan con 118 años de antigüedad.

Detrás de todas estas piedras se esconde una travesía que probablemente aún esconde secretos entre sus grietas. Cada una de ellas, con su origen diverso y su largo recorrido, es testimonio de una historia compartida en nuestros espacios culturales y urbanos. Su traslado y posterior integración a la ciudad no solo simbolizan la capacidad de adaptación y transformación de la arquitectura, sino también de la identidad misma de una urbe que, como estas piedras, se reinventa una y otra vez.

La próxima vez que caminemos entre los monumentos y las plazas de la ciudad, tal vez descubramos que lo que nos rodea está compuesto no solo de materiales, sino de historias que atraviesan el tiempo y que nos invitan a detenernos, observar y reconocer los vestigios de un pasado que sigue resonando en cada rincón.

ción Zapata, se decidió conservar la bellísima fachada y sus piedras se trasladaron al Bosque de Tlalpan, quedaron olvidadas hasta 1986, cuando se ocuparon para construir la Casa de Cultura del Bosque de Tlalpan. El arquitecto Pedro Ramírez Vázquez estuvo al frente de la reconstrucción, colocando las piedras que hoy cuentan con 86 años de antigüedad.

Detrás de cada una de estas piedras se esconde una historia más que probablemente con enormes secretos entre sus grietas. Cada una de ellas, con sus rasgos distintivos y su larga trayectoria, es testimonio de una historia compartida en diversos espacios culturales y urbanos, su calidad y posterior integración a la ciudad no solo aplica a la capacidad de adaptación y transformación de la arquitectura, sino también a la identidad misma de una urbe que, como estas piedras, se reinventa una y otra vez.

La próxima vez que camines entre los monumentos y las plazas de la ciudad, tal vez deberías pensar que lo que nos rodea está compuesto no solo de materiales, sino de historias que atraviesan el tiempo y que nos invitan a detenernos, observar y reconocer los vestigios de un pasado que sigue respirando en cada rincón.

CAPÍTULO 3

El lenguaje del metro

Millones de personas descienden diariamente al Metro para adentrarse en un organismo subterráneo que palpita bajo la ciudad. Para mí es un cuerpo inmenso repleto de historias invisibles, contrastes y la memoria de la propia metrópoli. No se trata solo del caótico ambiente que reina en sus profundidades, ni del desfile fugaz de vidas que pasan todos los días sin que nadie las cuente. Hay otro lenguaje oculto y silencioso, grabado en los símbolos de cada parada: un árbol que evoca a un hombre enamorado de la naturaleza, la ventana barroca de una casona que ha sobrevivido por más de dos siglos, un templo prehispánico que emergió de su letargo bajo tierra. El Metro no es solo un transporte: es un mapa de símbolos, una galería del subsuelo, un organismo que respira en la oscuridad.

Antes de que la ciudad abriera sus entrañas para dar paso al kilométrico gusano, los capitalinos se desplazaban en medios de transporte como los tranvías, cuyos rieles marcaron las calles durante décadas y su huella sigue apareciendo de pronto como un fantasma del asfalto. Sin embargo, el crecimiento acelerado de la Ciudad de México hizo evidente la necesidad urgente de ofrecer un sistema de transporte eficiente y moderno.

María Félix, la icónica actriz del cine de oro mexicano, solía afirmar con orgullo que era dueña del Metro de la urbe[1], pues, según contaba, su esposo —el banquero francés Alexander Berger, con quien contrajo matrimonio en 1956— se lo había obsequiado. En ese entonces, la diva mexicana vivía entre París y la Ciudad de México, cuando le cuestionaban esta dualidad, replicaba que la capital mexicana no podía ser considerada una urbe cosmopolita por carecer de un transporte tan importante. Su observación fue muy atinada, considerando que casi un siglo había transcurrido desde la inauguración del primer subterráneo del mundo en Londres, en 1863.

El proyecto para instalar un Metro en la Ciudad de México fue presentado a las autoridades por Bernardo Quintada desde 1958, pero fue rechazado por el costo que implicaba su construcción. Finalmente, el 4 de septiembre de 1969, la Ciudad de México vio inaugurado el primer tramo del Metro, que comprendía originalmente el trayecto entre las estaciones Chapultepec y Zaragoza. En el 2014, el subsecretario del Sistema de Transporte Colectivo (STC) confirmó la influencia de María Félix en el proyecto y la mediación de su esposo en las primeras negociaciones para conseguir el financiamiento necesario para su construcción. Ese mismo año, como parte de la conmemoración por el centenario del natalicio de "La Doña", el Metro y la Fundación María Félix le hicieron un homenaje que consistió en ilustrar con su rostro las cabinas de un convoy de la Línea A, así como 50 millones de boletos y 100 mil tarjetas recargables. Además se instalaron exposiciones en diversas líneas para mostrar carteles cinematográficos, fotografías y vestidos utilizados por la actriz.

La construcción del Metro de la Ciudad de México representó una transformación urbana sin precedentes y un desafío logístico monumental. No solo era necesario construir una infraestructura masiva, sino también desarrollar un sistema visual que hiciera accesible y comprensible la complejidad del nuevo transporte subterráneo. Fue así que se dio paso al diseño de una identidad gráfica que facilitara la experiencia de los usuarios.

El diseñador norteamericano, Lance Wyman, dirigió al equipo de diseño para desarrollar la identidad visual del Metro. Entre sus colaboradores estaban el arquitecto Pedro Ramirez Vázquez, Arturo Quiñones y Francisco Gallardo. Con el fin de crear un sistema funcional e incluyente para la población que no sabía leer ni escribir, priorizaron el sistema gráfico mediante la combinación de colores y pictogramas inspirados en lugares, personajes, monumentos y barrios históricos de la ciudad. Wyman, conocido por su trabajo en los Juegos Olímpicos de 1968, aportó su experiencia en diseño gráfico para crear una serie de símbolos visuales que facilitaran el reconocimiento de cada estación.

De este modo, la cartografía subterránea del Metro conecta 195 estaciones, cada una marcada por un icono que encapsula personajes, lugares representativos y relatos que suelen pasar desapercibidos en el ritmo frenético de la urbe. Este inmenso túnel del tiempo permite recorrer la metrópoli y explorar su pasado. Un ejemplo es la estación Zócalo / Tenochtitlán de la Línea 2, cuyo icono representa la mítica águila posada sobre un nopal, devorando una serpiente.

Dicha estación es un pretexto para recordar el origen de Tenochtitlán. Aunque existen distintas versiones sobre el mito fundacional de la ciudad mexica, la mayoría de las fuentes históricas coinciden en que los aztecas, guiados por su dios Huitzilopochtli, emprendieron una peregrinación desde Aztlán para buscar aquella señal que indicaría el lugar donde debían fundar su nueva ciudad. Tras un viaje que los llevó por diversos territorios, los aztecas encontraron el augurio divino en el corazón del lago de Texcoco, donde erigieron lo que parecía imposible: una ciudad construida sobre el agua.

A lo largo de los siglos, esta señal se ha transformado en un símbolo que define el origen de la Ciudad de México y la identidad de la nación. Sin embargo, la Historia y la Arqueología han logrado desmitificar algunos detalles que se han fusionado con interpretaciones posteriores. Por ejemplo, en el Códice Mendocino, una de las representaciones más antiguas del mito, el águila aparece sin ninguna serpiente en su pico, mientras que en las crónicas de Fray Diego Durán se incluyen dos láminas que, aunque ambas muestran a la majestuosa ave, una de ellas la presenta devorando un pájaro, y no una serpiente. Esta diferencia de versiones es clave para comprender cómo el símbolo se transformó con el paso del tiempo.

El doctor Eduardo Matos Moctezuma, uno de los arqueólogos más respetados en el estudio de Tenochtitlán, ha ofrecido una interpretación más compleja sobre el origen del símbolo. Según Matos, el águila original representa a Huitzilopochtli, el dios tutelar de los mexicas, quien se asocia con el sol. Sin embargo, el camino de los mexicas no comenzó como una historia de grandeza, sino que, en sus inicios, fue un relato de sumisión.

Los mexicas tuvieron que asentarse en las tierras impuestas por Tezozómoc, señor de Azcapotzalco, convirtiéndose en un pueblo tributario. No fue hasta 1428, cuando alcanzaron su liberación gracias a la formación de la Triple Alianza, que la historia de su pueblo comenzó a reescribirse. Matos sugiere que es en este contexto, bajo el liderazgo de Itzcóatl, cuando se forja la idea del águila sobre el nopal, mientras que la serpiente se incorpora después de la conquista española, como un elemento influenciado por el cristianismo, que asociaba al reptil con la maldad. De ese modo, el águila devorando a la serpiente simboliza la victoria del sol sobre sus enemigos.

Aquel símbolo ha perdurado como uno de los emblemas más representativos de la identidad nacional mexicana. No solo aparece en el Escudo Nacional, sino que se ha mantenido vigente a lo largo del tiempo, siendo parte del Metro y de la arquitectura mexicana. Este guiño al origen de Tenochtitlán se encuentra tallado en las fachadas de edificios tan emblemáticos como el Museo Nacional de Arte (MUNAL), el Palacio Postal y muchas otras construcciones que dan cuenta de la pervivencia del mito fundacional en el imaginario colectivo de la urbe.

La estación también evoca a la plaza más famosa del Centro Histórico: el Zócalo, que sigue siendo un lugar esencial de la vida política, económica, social y religiosa de la ciudad. Durante el gobierno de Antonio López de Santa Anna, se planeó erigir una columna monumental en medio de la plaza para conmemorar la independencia del país. Sin embargo, la construcción de la columna diseñada por Lorenzo de Hidalga nunca se llevó a cabo. En su lugar, solo se levantó el pedestal, que quedó vacío por años. Este pedestal comenzó a ser conocido coloquialmente como "el zócalo", una palabra que hace referencia a la base sobre la cual se levantaría la columna. Con el tiempo, el nombre "Zócalo" comenzó a asociarse con la plaza en su totalidad.

Tanto el nombre de la estación como su imagen, forman una representación visual y a su vez un recordatorio incesante de los orígenes de la Ciudad de México, donde, bajo el agua y la piedra, se levantó una civilización cuya memoria ha perdurado a lo largo de los 700 años que han transcurrido desde su fundación.

En el Centro Histórico también se ubican otros iconos del Metro que hacen referencia al pasado prehispánico de la urbe. Uno de los más interesantes es la imagen de la estación Pino Suárez, que representa el Templo de Ehécatl, deidad del viento.

El descubrimiento del centro ceremonial ocurrió en 1967, durante las excavaciones para la construcción de la Línea 2. La exploración fue dirigida por los arqueólogos Jordi Gussinyer y Raúl Arana. La estructura circular data aproximadamente de los años 1400 a 1521 d.C. Este templo formaba parte de un complejo ceremonial más amplio, que incluía un patio extenso, escalinatas en tres de sus lados, adoratorios centrales y habitaciones interconectadas por pasillos exteriores. La estructura circular del templo, alineada con los vientos, permitía que estos fluyeran libremente a través de ella, simbolizando la esencia y el dominio de Ehécatl sobre el aire.

En el interior de la construcción sagrada, se encontraron diversas ofrendas, destacando una escultura conocida como "La Monita", que representa a un mono (ozomatli) con una máscara bucal característica de Ehécatl y está acompañada de dos serpientes. Aunque la mayor parte del complejo se vio afectada por la construcción del metro, se logró preservar y exhibir la parte del templo en la estación Pino Suárez, permitiendo a millones de personas apreciar este vestigio arqueológico en su tránsito cotidiano. La presencia del Templo de Ehécatl en la estación Pino Suárez enriquece la experiencia cotidiana de los usuarios del Metro y sirve como recordatorio de las profundas raíces históricas y culturales que sustentan nuestra identidad.

En el Metro también hay alusiones a lugares históricos que a pesar del transcurso de los siglos aún permanecen en la traza urbana. Un ejemplo de ello es la estación San Cosme de la Línea 1, cuyo pictograma representa uno de los balcones más antiguos y curiosos de la zona. Al salir de la estación y dar unos cuantos pasos, se puede ver el balcón real que inspiró la imagen de la estación: después de más de dos siglos de historia, la Casa de los Mascarones sigue de pie.

La edificación, de estilo barroco churrigueresco, destaca por su fachada adornada con pequeñas caras (mascarones) y atlantes de piedra que la convierten en una joya arquitectónica de la época. Su construcción inició en 1766 como casa de campo para José Diego Hurtado de Mendoza, VI Conde del Valle de Orizaba; sin embargo, quedó inconclusa tras su muerte en 1771. Aunque no se ha podido comprobar de manera definitiva, el diseño del recinto se le atribuye a Ildefonso Iniesta Bejarano y Durán, un talentoso arquitecto novohispano que hoy es considerado como el máximo exponente del estilo churrigueresco en México. Entre sus obras más destacadas se encuentra la Iglesia de la Santísima Trinidad —el templo favorito de la emperatriz Carlota— y el Oratorio de San Felipe de Neri, que actualmente alberga la Biblioteca Miguel Lerdo de Tejada.

La Casa de los Mascarones estuvo abandonada por poco más de medio siglo, hasta ser subastada en 1822. A partir de 1850, se instalaron diversos centros de enseñanza, como el Colegio de Nuestra Señora de Guadalupe y el Instituto Científico, clausurado por Venustiano Carranza, quien expropió el inmueble en 1914 y lo entregó a la Escuela Nacional de Maestras. En 1925, la casona fue ocupada por la Escuela de Verano de la Universidad Nacional Autónoma de México (UNAM). Aquella década también se utilizó el espacio como dependencia universitaria de las facultades de Música y de Filosofía y Letras. La casa de los Mascarones se convirtió en un punto de encuentro para destacados intelectuales como Luis Villoro, Jaime Sabines o Emilio Carballido.

Una litografía realizada por Joseph Decaén en 1873 muestra el extenso tamaño de la casa y sus jardines. Lo único que sobrevivió de aquella imagen fue la fachada rectangular dividida simétricamente por el portón de entrada. En cada uno de sus laterales se distinguen los característicos balcones, cada uno enmarcado por una delicada ornamentación, que incluye el pequeño rostro que dotó al inmueble de su nombre. Además, las ocho columnas que dividen esos balcones están formadas por atlantes que sostienen los capiteles corintios. En diversas edificaciones del barroco, este recurso escultórico pudo haberse inspirado en la mitología griega, dado que el titán Atlas era el encargado de soportar el peso de los cielos sobre sus hombros. Las virtudes arquitectónicas de la casa y su valor histórico fueron motivo suficiente para que la Casa de los Mascarones fuera declarada Monumento Histórico Nacional el 21 de octubre de 1959. Hasta la actualidad, el edificio aún conserva su conexión con el mundo académico de la ciudad, pues en su interior se encuentra el Centro Mascarones de Extensión Académica en Tecnologías de la Información y Comunicación (TIC) de la UNAM.

Más allá de la majestuosidad barroca de la Casa de los Mascarones y su conexión con el mundo académico, la simbología del Metro también es pretexto para encontrar espacios cotidianos impregnados de historia. Un ejemplo es la estación Merced de la Línea 1, cuyo pictograma —un huacal y seis manzanas— evoca el dinamismo comercial de la zona. Tras la llegada de los españoles, numerosos comerciantes se establecieron en el extremo oriente de la Nueva España, dando origen a un importante centro de abasto. El mercado de la Merced tomó su nombre del barrio que albergó uno de los monasterios más singulares de la Ciudad de México: el convento de

Nuestra Señora de la Merced de la Redención de los Cautivos. Su historia comenzó en 1595, cuando el mercedario Fray Francisco Jiménez adquirió cuatro solares para su construcción, aunque la primera piedra no se colocó sino hasta 1602.

A unos pasos de esa edificación, ubicada en la calle República de Uruguay 170, se encontraba el embarcadero de Roldán, que formaba parte de los muelles del canal de La Viga, el cual representó una de las principales vías de comunicación acuática en la Ciudad de México. Las canoas, rebosantes de flores, alimentos, frutas y verduras frescas, llegaban ahí desde Xochimilco, Tláhuac, Chalco y Texcoco. Casimiro Castro, el cronista visual del siglo XIX, capturó la concurrencia del Embarcadero de Roldán. Su grabado fue publicado en el *Álbum México y sus alrededores*. La imagen muestra una escena pintoresca, donde un río de personas cargadas con canastas parece flotar junto a la acequia que abastecía a los mercados de la zona, como El Parian, El Volador y La Merced. Así, el centro religioso quedó enclavado en una zona de gran afluencia que continuó su desarrollo. Con el pretexto de construir un nuevo mercado y como consecuencia de las Leyes de Reforma —que implicaron la desamortización de bienes eclesiásticos y, por lo tanto, la fracción y demolición de muchos monasterios—una parte del Convento de La Merced fue demolida.

El claustro, milagrosamente conservado como único vestigio del antiguo convento, se halla hoy oculto entre la vendimia, los gritos y el caos imperante de la Merced. Por el momento casi nadie puede contemplar su asombrosa arquitectura de estilo barroco mudéjar, con arcos dentados y columnas decoradas con motivos florales, racimos de uvas y granadas. En la década de 1920, ante una amenaza de demolición, el Dr. Atl se refugió en este lugar para intentar salvarlo y

Nahui Ollin, con sus hipnotizantes ojos verdes, le acompañó. Como iniciativa del artista, en 1927 se instauró en ese claustro la Escuela Libre de Escultura y Talla Directa, donde obreros y niños aprendieron a esculpir, dotando al arte de un significado vital. Existe una fotografía que inmortalizó a un anciano Dr. Atl, contemplando el horizonte desde el techo que enmarca esos portentosos arcos, parece que su mirada perdida medita sobre la extinción de aquel espléndido lugar. Sus experiencias, incluyendo las misteriosas apariciones y el aura sagrada que percibió en ese sitio, quedaron plasmadas en su libro autobiográfico *Gentes profanas en el convento.*

El claustro sigue atrapado en la vorágine de la Merced, cuya función mercantil se extiende por cada esquina, dotando de una vida inagotable a toda la zona. Quizás tendrán que pasar muchos años para que alguien mire esos muros remanentes con el asombro y la devoción que merecen. Mientras tanto, basta con seguir el rastro de los iconos del metro para descubrir senderos inesperados, donde los símbolos del subsuelo pueden hablarnos de otros tiempos y personas.

En el corazón de la Ciudad de México se erige una de las pocas figuras femeninas evocadas en la simbología del transporte subterráneo: Isabel la Católica. La estación, que toma su nombre de la avenida homónima en honor a la reina Isabel I de Castilla –una de las mujeres más poderosas de la historia– rinde tributo a su legado. Conocida como "Isabel la Católica" por su matrimonio con Fernando II de Aragón y por el título de "Reyes Católicos" otorgado en 1496 por el papa Alejandro VI, esta figura fue, además, la primera en apoyar a Cristóbal Colón en su proyecto para hallar una ruta hacia las Indias. Gracias a su respaldo se obtuvieron los fondos necesarios para la expedición que culminó con el descubrimiento de América en 1492. La estación exhibe el icono de una carabela, evocando las embarcaciones utilizadas por Colón en su histórica travesía.

Por su parte, la avenida Isabel la Católica posee una rica historia. En la intersección con la calle 5 de Mayo, una placa de talavera conmemora que su nombre original era "Las carreras", pues en 1520, durante el sitio de Tenochtitlán, los conquistadores españoles huyeron por esta vía. A lo largo de la avenida destacan construcciones como el Casino Español, el Antiguo Convento de San Agustín o el Hotel Gillow, pero saliendo de la estación Isabel la Católica, se puede encontrar otro espacio de relevancia histórica y femenina: el Claustro de Sor Juana, que guarda una profunda relación con la historia literaria de México. Originalmente, ese predio fue ocupado por el Convento de San Jerónimo, fundado en 1585. Entre sus muros, se escribieron algunos de los versos más sublimes de la literatura, al ser el hogar de Sor Juana Inés de la Cruz durante 26 años, quien ingresó al convento en 1669.

El convento también fue víctima de las Leyes de Reforma, pues en 1867 se ordenó la exclaustración de las monjas. En los años posteriores tuvo diversos usos hasta que el presidente Manuel González lo entregó como pago al arquitecto Antonio Rivas Mercado. Tras su fallecimiento, en 1927, el antiguo convento fue heredado por sus hijas, Alicia y Antonieta Rivas Mercado. Un año más tarde, Antonieta fundó en ese lugar el Smyrna Dancing Club, que funcionó de 1928 hasta 1957.

Tuvieron que transcurrir varias décadas para que el Antiguo Convento de San Jerónimo albergara finalmente a la Universidad del Claustro de Sor Juana. Aunque se trata de una institución educativa, se puede conocer al visitar su galería de arte con exposiciones temporales, asistir a sus eventos culturales, o recorrer su biblioteca, que recientemente integró a su acervo el Fondo Enrique-Fuentes-Librería Antigua Madero. De acuerdo con la cronista Ángeles González Gamio, esa mítica librería fue fundada en 1939 por Tomás Espresate y adquirida en 1989 por el librero Enrique Fuentes Castilla, quien falleció en 2021. Un par de años después del cierre de la Librería Madero, el local ubicado en el cruce de las calles San Jerónimo e Isabel la Católica fue convertido en una cafetería. La estación dedicada a la monarca española se erige como un punto de convergencia entre la historia y la cultura, siendo solo uno de los casos de figuras ilustres cuya impronta permanece en el lenguaje gráfico del transporte subterráneo.

Otro de los personajes históricos aludidos en la iconografía del Metro es Miguel Ángel de Quevedo, también conocido como "el apóstol del árbol" debido a su profundo amor por la naturaleza y al fomento de la cultura forestal en México. Por esa misma razón, el icono de la estación, que forma parte de la Línea 3, está representado por un árbol. Quevedo nació el 27 de septiembre de 1862 en Guadalajara, Jalisco; hasta que quedó huérfano tuvo que emigrar a Francia. Estudió ingeniería hidráulica y tras su regreso a su tierra natal, dedicó su vida a la protección de los recursos naturales del país. Fundó la Sociedad Forestal Mexicana, institución clave para lograr la promulgación de la "Ley Forestal Mexicana" en 1926. Quevedo también es recordado por haber donado parte de los terrenos que actualmente ocupan los Viveros de Coyoacán, y que originalmente pertenecían al Rancho de Panzacola. Hacia el fin de la década de 1960, un tramo de la Calzada Taxqueña cambió su nombre a "Miguel Ángel de Quevedo" como un homenaje para reconocer la trayectoria del ingeniero y su papel fundamental para la defensa forestal en la ciudad.

Los pictogramas del metro de la Ciudad de México nos conectan con su historia, personajes y lugares icónicos, pero sus estaciones también son una puerta a los sitios culturales ocultos en las profundidades de la red.

Un ejemplo de ello es el Museo del Metro, un recinto pequeño que ofrece una visión única sobre la evolución de este sistema de transporte, que ha sido parte fundamental del tejido urbano de la ciudad. Ubicado en la estación Mixcoac de la Línea 12, este museo fue inaugurado en 2017 y alberga siete salas que exhiben una colección de objetos históricos. Entre ellos, los primeros planos del Metro, piezas arqueológicas encontradas durante su construcción, antiguos uniformes de los trabajadores, una serie de fotografías que documentan su proceso de expansión, y los extintos boletos que se empezaron a utilizar en 1969. También resguarda un muro que ofrece información sobre los elementos de diseño que dotaron al Metro de su propio lenguaje.

El Museo del Metro no es el único espacio cultural que habita debajo de la ciudad. En la estación Zapata de la Línea 12, se encuentra una sala de cine que complementa la oferta cultural subterránea de la urbe. También inaugurada en 2017, ofrece proyecciones de películas y documentales. La entrada a ambos recintos es gratuita.

Más allá de los datos históricos y los lugares inesperados, el Metro también es un escenario para los mitos urbanos y la imaginación. Mi primer contacto con el subsuelo fue en la infancia y, aunque no lo recuerdo del todo, mi padre me cuenta que cuando viajábamos en él, yo solía preguntarle qué era el sonido agudo que rechinaba de vez en cuando al avanzar. Con la astucia de quien disfruta asustar un poco a los niños, me respondía que el ruido provenía del llanto de las ratas que el Metro atropellaba al pasar. En mi inocencia, me acercaba intranquila a las ventanas tratando de ver alguna rata que evidenciara la veracidad de su historia. Ese misterio que envolvía al laberinto subterráneo de mi niñez también está presente en algunos de mis relatos favoritos ambientados en la Ciudad de México.

Según el cronista Héctor de Mauleón, el primer escritor en dotar de una dimensión literaria al Metro fue José Emilio Pacheco. Tres años después de la inauguración del transporte, en 1972 se publicó "La fiesta brava", un cuento en el que Pacheco imaginó a la estación Insurgentes como un portal para transportar turistas ingenuos a la gran Tenochtitlán. Las instrucciones del relato son muy específicas: "solo tiene que subirse al último carro del último metro el viernes 13 de agosto en la estación Insurgentes, cuando el tren se detenga en el túnel entre Isabel la Católica y Pino Suárez y las puertas se abran por un instante, baje usted y camine hacia el oriente por el lado derecho de la vía hasta encontrar una luz verde." Desde la publicación de "La fiesta brava", se han presentado siete oportunidades para seguir estos pasos. La próxima será el viernes 13 de agosto de 2027, dato que menciono por pura curiosidad, pues no sé quién se atrevería a intentarlo, pero sé que yo no. Para mí, el cuento de Pacheco puede ser tan real como el llanto de las ratas que inventó mi padre: una ficción que, de tan bien contada, nunca osaría poner a prueba.

El Metro como escenario literario ha aparecido en narrativas que exploran la complejidad de la vida urbana y sus contrastes. En novelas como *Toda la sangre* de Bernardo Esquinca, la Línea 2 es el territorio del temible Evenflo, un indigente que obliga a los viajeros a mirarlo con su espantoso canto. En *El huésped* de Guadalupe Nettel, el transporte más utilizado por los capitalinos se presenta como un lugar que oculta una red secreta de personas con discapacidad visual. Como contraste, el poema "Mapa del metro de una ciudad desconocida" de Elisa Díaz Castelo, tiene un tono melancólico, que captura la esencia del subterráneo como un espacio de tránsito y reflexión. Por otro lado, *Metro 6:30 a.m.* de Francisco Piñón describe la violencia que se vive en los túneles y andenes. Estos relatos, entrelazados por la presencia de la miseria, la adversidad y la violencia, destacan las dualidades del metro como un espacio multifacético donde todo puede suceder al mismo tiempo. Sus pasillos pueden ser un lugar de escape, de interacción forzada, de deshumanización y tragedia, donde los seres humanos, en su lucha diaria por sobrevivir, se enfrentan a un entorno de desesperanza, incomodidad y, a veces, de horror.

En la realidad y en la ficción, el Metro no solo transporta a los habitantes de la ciudad entre sus distintas zonas, también atraviesa la sombra de lo que muchas veces preferimos ignorar. Es allí donde convergen los ecos de una ciudad no deseada, aquella que lleva en su carne las cicatrices de la desigualdad, de los días grises, del anonimato y la desolación. Las estaciones también son testigos de una multitud que se desplaza sin rostro, que se enfrenta al agotamiento diario, y de momentos de siniestros que apenas se perciben entre las aglomeraciones. No conozco todas las arterias del Metro. A veces no puedo evitar pensar en las múltiples fatalidades que podrían ocurrirme en el fondo más surreal de la ciudad. Cuando debo usarlo cuido mucho mi forma de vestir, las pertenencias que debo llevar, los movimientos de las personas con las que me cruzo y trato de analizar todos sus peligros potenciales. Hace un par de años, durante una breve temporada empecé a frecuentar la Línea 12, pues la estación de Culhuacán estaba muy cerca de mi casa.

Desde mi ventana me gustaba ver el atardecer: un paisaje precioso que a lo lejos mostraba los vagones anaranjados del Metro en movimiento, enmarcados por la puesta del sol y la silueta majestuosa de los volcanes. Pero el 3 de mayo de 2021, esa imagen del Metro se transformó en un instante. Un tramo de la Línea 12 colapsó y 27 personas perdieron la vida. Pienso en quienes iban en ese vagón, en quienes nunca regresaron a casa, en las vidas que cambiaron para siempre. Desde entonces, el Metro no volvió a ser el mismo.

A veces, al subir a un vagón, me invade el miedo, me cuesta comprender cómo la ciudad sigue su curso. Tal vez el Metro sea uno de los reflejos más crudos de esta urbe: un lugar que avanza entre la prisa y la pausa, el anonimato y la colectividad, la vida cotidiana y la tragedia, contrastes infinitos que, inevitablemente, forman parte de una ciudad tan compleja, que como el Metro, carga con el peso de su historia y sus ausencias.

[1] No fue la primera vez que los comentarios sagaces de la diva influyeran en la modernización de la ciudad, pues también a ella le debemos el rescate del Centro Histórico. En la década de los 90 del siglo pasado, en una entrevista con Jacobo Zabludovsky y Verónica Castro, María Félix declaró que el Centro estaba convertido en un basurero y que olía a orines. Sus palabras detonaron una polémica gracias a la cual se creó el plan para rescatar el Centro Histórico de la Ciudad de México.

CAPÍTULO 4

Ruinas y fantasmas de Santa María la Ribera

Dr. Alt 215, Santa María la Ribera

Alguna vez escuché que nadie muere en la Ciudad de México en la que nació, pues incluso sus edificios más singulares son tan fugaces que en cuestión de pocos años se transforman hasta volverse irreconocibles o desaparecer irremediablemente. Sin embargo, aunque los muros dejen de existir, algunas presencias permanecen en las profundidades de la memoria.

Cuando era niña no le tenía miedo a los fantasmas. Mi tía Jovita —a quien recuerdo como una anciana encorvada, bajita, muy arrugada y que todos los días llevaba una larguísima coleta de cabello gris— solía contarme historias de aparecidos o almas errantes que transitaban los oscuros corredores de casas antiguas o regresaban en sueños para comunicarle a quien dormía en qué lugar se encontraría algún tesoro enterrado al despertar. Su casa parecía un escenario descrito por Amparo Dávila, en el que siempre pensé encontrarme con algo aterrador o sobrenatural. Tenía un jardín pequeño repleto de todo tipo de plantas que a mí me parecía una selva inmensa pues eran tantas que hacían casi imposible el paso hacia la entrada. Además, en mis nebulosos recuerdos infantiles ese patio estaba habitado por un feroz oso polar, pero en realidad era un enorme perro blanco que pasaba sus días dormido entre el aroma de las flores.

El interior de la propiedad era verdoso y oscuro aunque de vez en cuando se alcanzaban a colar tenues rayos solares por las ventanas de cristal difuminado que solo permitía ver las sombras flotantes de quien se movía en el lado contrario. En la sala había un espejo rectangular que abarcaba casi toda la pared y reflejaba las figuras de porcelana que mi tía, casi centenaria, acumuló durante toda su vida, así como los retratos amarillentos de parientes que nunca conocí. Todos sus sillones estaban cubiertos por sábanas percudidas y algunas partes del techo tenían prolongadas fisuras o estaban desprendidas por la humedad. También recuerdo un corredor largo y vacío en el que a veces sentía que alguien me observaba en silencio.

Aunque mi tía y su enigmático hogar tenían todo el potencial para convertirse en un relato sombrío, nunca vi un fantasma en su casa. Sin embargo, cada vez que paso por ahí me encuentro algo que me horroriza: su casa convertida en una en una de esas frívolas tiendas que afirma estar en cada esquina de la ciudad. A veces pienso que las verdaderas apariciones no son figuras espectrales, sino los recuerdos que nos asaltan cuando un lugar querido se desvanece.

Pérdidas similares abundan en las calles de nuestra urbe, aunque muchas de ellas pasan completamente desapercibidas como la casa de mi tía Jovita. Hace unos años, por ejemplo, me sorprendió encontrar una casona en Santa María la Ribera que sigue escondiendo un pasado extraordinario.

Pocas personas logran distinguir que en la curiosa fachada de la calle Dr. Atl 215 (antes llamada Pino), aún queda una pista silenciosa de su asombrosa historia: un *ex libris*[1] conformado por la figura tallada en piedra de una lechuza y dos palabras que casi nadie se detiene a leer: Biblioteca Aragón. En 1962, uno de los últimos habitantes de la casa afirmó en una entrevista que aquella era la biblioteca privada más extraordinaria de su tiempo. Tenía más de 60 mil libros y ahí ocurrieron tertulias y banquetes memorables por los que desfilaron personajes ilustres que con el paso de los años se han ido olvidando.

El ingeniero Agustín Aragón y León, fue el primer habitante de la mítica casona de cantera gris, incluso se dice que él mismo la diseñó para llegar a habitarla con su familia en 1903. En el interior de su casa, don Agustín editó la *Revista Positiva*, en la que divulgó la corriente filosófica predominante del porfiriato: el positivismo. Con el paso de los años, su hogar se transformó en un templo del conocimiento, pues formó una enorme biblioteca, que tras su muerte en 1954, heredó a su hijo, Agustín Felipe Aragón y Leyva.[2]

Desde entonces, Leyva transformó a la Biblioteca Aragón en un vibrante centro cultural que reunía a intelectuales, vecinos y amigos. Entre sus múltiples pasiones, la gastronomía ocupaba un lugar especial manifestado en la enorme sección de títulos culinarios que ocupaba el comedor de su propiedad.

En 1939 fundó la Academia Mexicana de Gastronomía y Bromatología, con el fin de estudiar la comida mexicana y particularmente el uso de diversas flores como ingrediente esencial en sus platillos. Los jueves solía organizar tertulias gastronómicas que tituló “Banquetes bibliográficos”, a los que asistieron personajes como la periodista Alma Reed, el escritor, Gutierre Tibón, el Rey Carol de Rumania y el escritor hondureño, Rafael Heliodoro Valle.

Aragón Leyva deleitaba a los lectores de *Ovaciones* con su columna “El pan de cada día”, en la que se expresaba con la sencillez y la picardía de quien conoce los secretos del paladar y la palabra. En esas páginas se le veía siempre con un sombrero de chef en una pequeña viñeta, imagen que anunciaba las sabrosas confesiones de un hombre conversador, cuyos relatos incluían charlas con artistas como Diego

Rivera, comparaciones de precios en el mercado gastronómico, consejos para mejorar la sazón y anécdotas de la vida cotidiana que se mezclaban con recetas de antaño.

Con un estilo que oscilaba entre lo íntimo y lo popular, en el cierre de cada columna invitaba a sus lectores a reunirse en su "Mesa comunal", otro evento gastronómico ocurrido los domingos también en Pino 215, donde se degustaban cremas de zanahoria, chilatole a la poblana, conejo y otras delicias. En una memorable columna de 1955, describió con humor y ternura cómo sus hijas, Guadalupe Nicté Ha y María Juana Káteri, se animaron a "meter su cuchara" para preparar una lata de pescado, bautizando el platillo como "Mugil Dos Hermanitas".

El 21 de julio de 1955 organizó el legendario "Banquete del Pulque", una celebración inspirada en las propiedades del maguey y en la tradición familiar de los Aragón. Ese día, durante el brindis, Leyva plantó en el jardín de su casa dos magueyes que desafortunadamente no sobrevivieron hasta nuestros días. Sin embargo aquel jueves se sirvieron platillos cuyos ingredientes esenciales provinieron de aquella planta: gusanos de maguey, sopa de neutle, mixiote de Pachuca, pichones empulcados y curados.

Apenas un mes después, en agosto, rindió homenaje a la historia con otro festín: un banquete de chiles en nogada en honor a Agustín de Iturbide y Maximiliano, con un cupo limitado para 50 comensales. En sus columnas también evocaba con cariño a su "Tía Tulitas", Gertrudis Nava de Rueda, quien había sido cocinera en el actual Palacio Nacional durante el Segundo Imperio. De acuerdo con las investigaciones de Leyva, su tía bisabuela sirvió diversos platillos a Maximiliano, el mismo emperador a quien, casi un siglo después, rendiría homenaje con sus chiles en nogada. En sus relatos, las recetas eran más que fórmulas de cocina; eran fragmentos de memoria, pedazos de historia que se podían degustar. El martes 18 de julio de 1955 cuenta lo siguiente:

> Maximiliano tuvo en sus manos el *Diccionario de Cocina Mexicana*, edición de Ignacio Cumplido[3] de 1845, ejemplar que ahora yo poseo y que si Maximiliano reviviera no se lo vendería por diez mil pesos, porque ese libro fue la Biblia de mi bisabuela, y ahora es mía... A Maximiliano le encantaban los quintoniles, el quelite cenizo, la flor de calabaza, las ranas, las huilotas y el pulque... A los visitantes extranjeros y a todos los de su corte imperial, lejos de quererles hacer que comieran a la francesa o a la vienesa, les incitaba a que gozaran de la cocina mexicana...

Otra peculiaridad de los Banquetes de Aragón Leyva, era su afán por cocinar con flores comestibles mexicanas. Debido a su amor y labor para difundir el origen y las propiedades culinarias de diversas especies florales se le apodaba "El apóstol de la flor". En 1952 celebró un extraordinario "Banquete de las flores" que duró varios días, el segundo de ellos estuvo enteramente dedicado a la "Fiesta de las Dahlias". En una columna que escribió tres años después se refiere a su magno evento de la siguiente manera:

> Todas mis indagaciones científicas e históricas, todas mis composiciones y mis conciertos en Catedral y Bellas Artes, todas mis campañas, no se comparan en lo que me ha proporcionado de buena fama, de simpatía y de gloria a lo que me ha dado el Banquete de las Flores... cual verdaderos gastrónomos pusimos en práctica recetas tradicionales mexicanas que datan, cuando menos, de hace cuatro siglos.

La Biblioteca Aragón también fue testigo de los conciertos musicales que ofrecía Aragón Leyva, quien estaba tan enamorado de las flores, que les compuso canciones como "Cuetlaxóchitl", un ballet para piano inspirado en su leyenda. Además de incluir una versión de la historia que no he podido encontrar en otro sitio, Leyva otorga información sobre esa flor, mejor conocida como la Nochebuena. Por ejemplo, el significado de su nombre: "flor que se marchita", los usos que le daban los aztecas, el color de sus pétalos asociado con la sangre y otros datos científicos.

La portada de la partitura muestra una imagen de la Nochebuena y debajo de la ilustración se aprecia el nombre del compositor en color rosa. Al parecer la partitura se vendía porque indicaba un costo de $12.50 pesos mexicanos. En la última página también aparecen otros títulos de Aragón Leyva como *El libro de Badiano, Todo Avante. Himno de la Marina Mexicana, El Tlilamatl. Dioses aztecas.* Todos ellos fueron publicados por el Instituto del Libro Mexicano pero más allá de los títulos y algunas imágenes de portadas, no he logrado encontrar más información.

En cuanto a la melodía, tuve la suerte de que mi mamá me inscribiera en clases de piano desde muy pequeña, lo que me permite leer e interpretar la partitura de Leyva. Su pieza es evocadora y hermosa, y me gusta imaginar cómo resonaba en la Biblioteca Aragón, envolviendo la conversación y los libros en un aire de intimidad y nostalgia. Pero la intensa vida cultural que floreció entre los muros de esa casa no se limitaba a sus célebres banquetes ni a sus mesas dominicales. También dio vida a una tertulia que llamó Café Literario y, a lo largo de los años, continuó gestando instituciones en Pino 215, como la Universidad Internacional del Libro y la Casa del Bibliófilo.

Además de su amor por los libros, la música y las flores, Leyva tuvo otra pasión significativa: el cine. Alrededor de 1927 estuvo en Hollywood, donde conoció a Dolores del Río, una de las estrellas más icónicas de la época dorada del cine mexicano. En 1930 trabajó de cerca con el director soviético Sergei Eisenstein, quien estuvo en la República Mexicana para filmar *¡Que viva México!*, una ambiciosa producción que, por diversas razones, nunca llegó a completarse. Los descendientes de Leyva aún conservan fotografías del rodaje donde se le puede ver detrás de cámaras; incluso el director de *El acorazado Potemkin* le autografió una imagen con la dedicatoria: "A mi querido valedor, el panzón Aragón Leiva, un recuerdo cordial".

En la década de 1940, Leyva contrajo matrimonio con una mujer de extraordinaria belleza, conocida artísticamente como la "Princesa Maya Nicté-Há". Originaria de Yucatán, Nicté-Há fue una actriz que participó con papeles menores en filmes como *La rebelión de los colgados (1954)*, donde apareció brevemente como la esposa de Cándido Castro, interpretado por Pedro Armendáriz. Junto a Aragón Leyva, la princesa maya promovió la cultura mexicana en diversas regiones. En junio de 1945, la pareja visitó Autlán, donde ofrecieron una función en el Teatro Mutualista que incluyó conferencias y declamaciones de poemas de autores nacionales.

Los vecinos de Santa María la recuerdan por sus elegantes paseos en la Alameda, ataviada con vestidos mayas y joyas tradicionales. Su presencia en ese barrio era tan memorable que el escritor Arturo Azuela la incluyó dentro de su universo literario, especialmente en su novela *La casa de las mil vírgenes.* En esa obra, Azuela recuerda a la Biblioteca Aragón en su época de decadencia, pues tras la muerte de Aragón Leyva en 1962, cayó en el abandono y aquellos 60 mil libros que habitaban en su casa fueron desapareciendo con el paso de los años hasta que no quedó ninguno.

Algunos vecinos cuentan que había problemas con la herencia del inmueble, otros dicen que se vendió y sobre el paradero de los libros hay quienes aseguran que se tiraron a la basura. En el libro *Santa María la Ribera y sus historias*, don Bernardo cuenta que algunos de sus amigos sacaron libros de la Biblioteca Aragón para venderlos y financiar su viaje a Acapulco, pues en ese entonces no eran conscientes del tesoro que tenían entre sus manos.

En 2014 el inmueble albergó al extinto Museo de la Televisión y por esa misma época abrió un restaurante que finalmente no prosperó. La casa que un día albergó en sus muros enormes estantes con libros de valor incalculable, hoy recibe cuerpos sudorosos, pues finalmente ese espacio cultural fue convertido en un gimnasio.

La Biblioteca Aragón no es la única casona peculiar en Santa María la Ribera que oculta una gran historia. En el número 69 de la calle Salvador Díaz Mirón permanecen las ruinas de un antiguo espacio que gozó de fama como uno de los recintos más elegantes y lujosos de la vida cultural del barrio durante el Porfiriato. Hace más de un siglo, su marquesina resplandecía con sus vitrales; el mascarón no se había desgastado y en él estaba inmortalizado el rostro de Sara Romay, una de las mujeres más hermosas de la colonia; en el arco del frontón, cuyas letras están a punto de desaparecer se leía claramente "Teatro Bernardo García".

El investigador José Santos Valdéz Martínez ha rastreado la poco documentada historia del inmueble desde hace varias décadas. Logró encontrar que Bernardo García era un acaudalado minero, oriundo de Uruachi, Chihuahua y que compró el predio en 1905 por la cantidad de 25 mil pesos. Los periódicos de la época reseñaron la inauguración del Casino de Santa María el 8 de septiembre de 1906.

El lugar no tardó en convertirse en un centro de reunión intelectual y social. En sus salones tuvo lugar un evento crucial para la historia cultural del país: el nacimiento del Ateneo de la Juventud. La Sociedad de Conferencias, antecedente directo del grupo, organizó un ciclo de seis pláticas que iniciaron el 29 de mayo de 1907, con la ponencia de Alfonso Cravioto sobre la obra pictórica de Carriére. Durante esas noches, los asistentes pudieron escuchar reflexiones sobre letras, artes y pensamiento moderno, acompañadas por lecturas de poemas de escritores como Nemesio García Naranjo y Alfonso Reyes, así como intervenciones musicales. Los periódicos capitalinos, como *El Imparcial* y *La Patria*, cubrieron las veladas, destacando la brillantez de los jóvenes participantes y su capacidad de difundir doctrinas estéticas. En uno de los artículos publicados en *La Patria*, se celebraba que las conferencias sirvieran para dar a conocer "nombres ignorados" y popularizar "libros que no han pasado de la *élite* intelectual".

Más adelante, el espíritu de aquellas reuniones inspiró a otro grupo de pensadores, los llamados "Siete Sabios", quienes en 1916 fundaron su propia Sociedad de Conferencias y Conciertos. Entre sus integrantes se encontraban Antonio Castro Leal, Vicente Lombardo Toledano y Alfonso Caso, todos estudiantes de Derecho y la mayoría, vecinos del barrio. Curiosamente, el vínculo con Santa María la Ribera se mantuvo en distintos niveles: Lombardo Toledano frecuentaba la Biblioteca Aragón, mientras que Teófilo Olea y Leyva, otro miembro del grupo, era sobrino de Agustín Aragón, personaje que terminó enemistado con el Ateneo de la Juventud. Así, en el barrio coincidieron y se enfrentaron dos de las corrientes filosóficas más influyentes del siglo XX mexicano.

Pero el Casino no solo fue testigo de debates intelectuales. También albergó eventos sociales y literarios como bailes, conciertos, clubes para señoritas y funciones locales de teatro. Uno de los eventos más destacados fueron los Juegos Florales de 1908, una celebración literaria en la que participó un joven Alfonso Caso. En una fotografía de la época, aparece como parte de la “corte de amor” Sara Romay, cuyo rostro, se dice, fue inmortalizado en el mascarón que corona la fachada del inmueble. Romay, nacida en 1888, contrajo matrimonio con Ramón Riveroll del Prado en 1910, posiblemente en la Iglesia del Espíritu Santo, que todavía hoy se encuentra ubicada en la calle de Sabino, también en Santa María la Ribera. En esos días, Riveroll partió con su esposa a Guatemala, pues le ofrecieron el puesto de Tercer Secretario de la Legación Mexicana en ese país. La historia de la señorita Romay se diluye en la bruma del tiempo, pero su imagen quedó fijada en la ornamentación del histórico edificio.

Tras su época como Casino, el inmueble fue transformado en Teatro y, hacia 1915, en el Cine Las Flores. Su cartelera apareció en los periódicos hasta 1923, cuando el edificio, quizás debido a disputas de herencia, fue fraccionado en cinco partes. Santos Valdés documentó el fallecimiento de Bernardo García en el año de 1922.

Las únicas fotografías que se conservan de la arquitectura del teatro datan de 1906, las cuales muestran una fachada con la puerta principal flanqueada por dos ventanas en el lado izquierdo, cinco en el lado derecho y un lateral con cinco ventanas más. Hoy, solo quedan la puerta, dos ventanas en cada lado y su deshecha marquesina. Durante uno de mis recorridos por el barrio, un sobrino de los actuales propietarios me compartió fotografías del interior, donde aún se aprecia un piso decorado con cuadros blancos y grises. Aunque se desconoce si es el original, los actuales dueños aseguran que así lo recibieron.

El edificio ahora conserva entre sus muros los vestigios de una época en la que fue faro de ideas, testigo de las inquietudes culturales de una generación y sitio de reunión para intelectuales y vecinos, cuyo espectro parece seguir susurrando desde la fachada, atrayéndonos a ella con un conjuro inexplicable. Aunque hoy se esconde a plena vista, en sus ruinas aún resuenan las voces de quienes encontraron hace 119 años un refugio para el pensamiento, la diversión y la belleza. Quizá las sombras de aquellos días de esplendor sigan deambulando entre sus muros y dejando tras de sí una puerta entreabierta al misterio. Porque el pasado de este edificio, con sus huecos y silencios, aún nos llama, como si esperara ser reconstruido o, al menos, reclamar un lugar en nuestra memoria.

Santa María la Ribera es una zona poblada por fantasmas famosos, cuyos nombres resuenan en la topografía urbana y perpetúan su legado hasta en los nombres de las calles. Sin embargo, en ese mismo entramado cultural conviven almas menos conocidas, aunque igual de fascinantes. Entre ellas, se encuentra el enigmático artista José Santiago León Callejas. Casi no hay información publicada sobre este ilustre personaje, salvo la que su familia ha compartido con generosidad y entusiasmo. Su bisnieto Raúl y yo nos conocimos en la universidad y, al enterarse de mi obsesión por el pasado del barrio, me compartió la desconocida historia de su ancestro.

León Callejas nació el 25 de julio de 1892 en Xalapa, Veracruz. Uno de sus nietos recuerda que desde muy pequeño manifestó su talento artístico, y cuando tenía unos ocho o diez años dibujó un billete con tal maestría que lo acusaron de haberlo falsificado. La noticia llegó hasta el gobernador, don Teodoro A. Dehesa, quien también cuestionó la autenticidad de la obra, y lo llamó a su despacho para resolver el misterio. Cuando se presentó ante Dehesa, éste le pidió que hiciera una réplica del billete. El niño no solo volvió a trazar con ingenio su dibujo, sino que esta vez sustituyó la imagen correspondiente por un retrato del propio gobernador. Años después de ser testigo de sus aptitudes artísticas, Dehesa le ofreció una beca para estudiar en la Academia de San Carlos en la Ciudad de México.

Así, nuestra urbe se convirtió en el hogar del artista, quien fue parte de la vida intelectual de Santa María la Ribera en la primera mitad del siglo XX. Su familia recuerda que León Callejas era amigo de don Agustín Aragón y que solía frecuentar las tertulias organizadas en su mítica Biblioteca. Incluso, el escultor realizó el busto que todavía hoy descansa junto a los restos del sabio en la Rotonda de las Personas Ilustres. Un artículo publicado por *El Universal*, fechado un 28 de agosto de 1955, describe la obra y el carácter casi anónimo del escultor:

> Quien haya conocido al maestro e ingeniero don Agustín Aragón en los últimos años de su vida y al visitar su casa de Pino 215, ahora convertida en activo centro de cultura, no podría menos de sentir una intensa y vigorosa emoción al encontrarse en la que fue su sala de recibo; en una de las esquinas, el busto vaciado en yeso que modeló un escultor modestísimo cuyo nombre es apenas mencionado, Santiago León, porque esa escultura tiene una expresión tan viva y tan noble, un gesto

característico que más que provocar la habitual calificación de "está hablando" obliga a exclamar "está vivo". No es un retrato, es una síntesis, una composición de lugar y tiempo, y en ella Santiago León puso un amor, una devoción y una comprensión tales que, en el futuro, quien sin saber llegara a contemplar este busto, inmediatamente diría, "he aquí a un pensador".

La casona que habitó el artista todavía se mantiene en pie y continúa siendo propiedad de sus descendientes. Se trata de un inmueble de tres plantas con el característico sótano que también tienen otras propiedades de Santa María la Ribera.

Gracias a Raúl y a su familia, pude conocer el hogar de su bisabuelo, en el que cada habitación aún conserva huellas de sus actividades artísticas. Por ejemplo, el barandal de las escaleras fue decorado por León Callejas, las paredes de la sala muestran una colección de pinturas de su autoría, en el comedor se distribuyen un par de esculturas, incluyendo la que envió en 1948 para concursar en la convocatoria del Monumento a la Madre. Incluso en el sótano, un espacio frío de paredes húmedas, se encontraba uno de los rastros más bellos de su vida: una pila con cientos de ejemplares de los libros que publicó. Entre ellos se encuentran los siguientes títulos: *Cómo modelar, moldear, vaciar y patinar*, *Dibujo de imitación y decorativo*, *Geometría plana y dibujo constructivo elementales* y *Lo grato y lo desdeñable*.

Esa última publicación se ha convertido en uno de los libros más curiosos que ha llegado hasta mis manos, pues fue publicado en 1955 con un prólogo del historiador Jesús Romero Flores y contiene más de 45 grabados, cada uno acompañado de un comentario escrito por León Callejas. En las primeras páginas del libro incluyó su propio ex libris; según indica el autor, fue realizado con la técnica de grabado al aguafuerte y retrata la imagen de un caballero águila con el fin de representar el valor nacional. También narra un par de episodios sobre su paso por la Casa del Estudiante, un inmueble construido durante el porfiriato para albergar alumnos de provincia con escasos recursos. León Callejas cuenta que en ese lugar fue una de las primeras personas en escuchar "Canción Mixteca", pues entre sus amigos cercanos estaba José López Alavés, quien compuso la famosa melodía en el cuarto número 78 de la Casa del Estudiante.

Algunos de los grabados que aparecen en *Lo grato y lo desdeñable* tienen su versión en óleo en distintos rincones de la casa. Pero el corazón artístico de León Callejas se encuentra en su estudio, ubicado en el tercer piso. Para conocerlo, tuve que acceder por escaleras frágiles con algunos peldaños agujereados que permitían ver la planta baja. Recuerdo el espacio íntimo del escultor como una habitación pequeña, en la que había una ventanita por la que entraba una luz extraordinaria que se extendía por todo el lugar. Los pigmentos de vibrantes colores yacían entre el polvo centenario y algunas herramientas anticuadas.

En el interior de los muebles de madera se vislumbraban algunos jarrones y libros cubiertos de escombros, entre los que se distinguían el primer tomo de *México a través de los siglos* de Guillermo Prieto y *Compendio de la Historia de México*, de Luis Pérez Verdía. Junto a una colección de artistas europeos, había un librero con puertas de cristal que dejaba entrever los lomos de libros escritos por Amado Nervo y Salvador Díaz Mirón.

Las paredes pálidas repletas de grietas también resguardan algunos bustos expresivos de rostros sin nombre. Particularmente, dos de ellos resonaron en mi memoria. El primero era un anciano de abundante barba, cejas pobladas, poco cabello cubierto por un sombrero, cuyos rasgos me recordaron a la apariencia de Gerardo Murillo, mejor conocido como Dr. Atl, y también vecino de Santa María. La segunda cara era más pequeña y singular, ya que sobre los rizos de aquel hombre descansaba la mano y el cuerpo desnudo de una mujer que parecía acariciar su pensamiento; los cabellos, las cejas, la barbilla pronunciada y el abundante bigote me hicieron pensar que esa pieza podría retratar al poeta Salvador Díaz Mirón pero aún no se encuentran documentos que lo confirmen.

La primera vez que caminé entre ese estudio vi un busto destruido que llamó mi atención. Cuando me acerqué a contemplar los restos, noté que entre sus pedazos se encontraba una cabeza femenina que me pareció familiar. Mi emoción creció al encontrar el torso de la escultura, pues abajo de los pliegues de su camisa, se alcanzaban a leer letras fragmentadas que confirmaban la identidad de la figura representada: María Enriqueta. Los presentes desconocían si León Callejas había cruzado su camino con la única mujer mexicana que ha sido nominada al Premio Nobel de la Literatura, pero su obra es uno de los pocos testimonios artísticos que se han hallado en la ciudad.

María Enriqueta Camarillo también fue vecina ilustre de Santa María la Ribera. Su última morada se encontraba en la antigua calle Ciprés (hoy Jaime Torres Bodet), frente a la Alameda del barrio. Aunque nació en Coatepec en 1872, llegó a la Ciudad de México cuando era muy joven, para estudiar en el Conservatorio Nacional de Música. Firmó sus primeros poemas como "Iván Moszkowski", sin embargo después de ganar fama y respeto por otros intelectuales de su generación, como Alfonso Reyes, comenzó a utilizar sus dos nombres para firmar sus escritos. En 1889 se casó con el historiador y diplomático Carlos Pereyra, quien debido a su trabajo tuvo que emigrar con su esposa a Europa por varias décadas. Sobre su travesía en el viejo mundo, María Enriqueta publicó un divertido diario de viajes titulado *Brujas, Lisboa, Madrid*.

En una bella coincidencia, decidí integrar ese libro a mi club de lectura en 2023 y, para enriquecer la sesión, contacté a la Casa Museo María Enriqueta, en Coatepec. Aunque la poeta nunca vivió en ese lugar, me contaron que algunos de los muebles que ocupó en su última morada, fueron a parar a las actuales instalaciones del modesto museo. En ese entonces, platiqué por teléfono con Kheyla Priego, quien laboraba en el recinto, y le conté sobre el hallazgo del busto realizado por León Callejas. Ella se emocionó hasta las lágrimas, pues es una gran admiradora de María Enriqueta y poco tiempo después me solicitó el contacto de los descendientes del artista para explorar la posibilidad de restaurarlo y exhibirlo en el museo.

El 30 de abril de 2023, el busto de María Enriqueta partió hacia Veracruz, iniciando así su travesía hacia un nuevo destino. A principios de marzo de 2025, Rosa Aurora Torres, la actual directora de la Casa Museo, me informó que la restauración había concluido y que pronto el busto sería expuesto. La noticia me llenó de alegría, pues María Enriqueta amó su tierra natal y le dedicó cientos de poemas, a pesar de sus viajes alrededor del mundo siempre mantuvo una correspondencia con sus amigas. Me gusta pensar que su rostro de piedra volverá a encontrarse entre el pintoresco paisaje de Coatepec y sobre todo, en un lugar donde no ha sido olvidada y aún se venera su gloriosa existencia.

Toda la ciudad está llena de ausencias presentes, de ecos que resisten al olvido. Las ruinas y fantasmas de Santa María son testigos de historias que marcaron vidas efímeras, pero cuyo rastro sigue latiendo en las grietas de sus muros y en la memoria de quienes las evocan. Cada edificio derrumbado, cada calle renombrada, cada figura desvanecida deja una huella sutil que, como un susurro, regresa una y otra vez para recordarnos que nuestra urbe es un palimpsesto vivo. Aquí, las ausencias no significan desaparición, sino otra forma de presencia: una que se filtra en las esquinas, en los relatos, en los vestigios que aún nos miran desde el pasado, esperando ser escuchados.

1 Este elemento arquitectónico es único en el mundo, pues se trata de un *ex libris* instalado en la fachada de una vieja casona. Los *ex libris* son sellos o estampas que los amantes de los libros colocan en las primeras páginas de los ejemplares que pertenecen a su biblioteca personal, con el fin de marcar la propiedad de sus preciados libros y embellecerlos. Generalmente, este elemento del mundo de la bibliofilia está compuesto por el nombre del propietario, una ilustración y la palabra "ex libris", que significa "entre los libros de" aunque a veces algunas personas colocan la palabra "biblioteca".

2 En sus columnas, libros y partituras firmaba como "Agustín Aragón Leiva" aunque en su acta de nacimiento el apellido se escribió con "*y*".

3 Ignacio Cumplido fue uno de los impresores más importantes del siglo XIX, pues bajo su ojo perfeccionista se producían periódicos como *El Siglo XIX*, *El Mosaico Mexicano* y *Presente amistoso para las señoritas mexicanas.* Su imprenta estaba ubicada en la calle de los Rebeldes número 2, San Juan de Letrán, pero el edificio que la albergaba fue destruido para ampliar la actual avenida Eje Central.

4 Aragón Leiva escribió diversos artículos sobre su convivencia con Eisenstein. En un texto publicado en la revista *Crisol* bajo el título "Boturini y Eisenstein" menciona que cuando Upton Sinclair dejó de financiarlo, el director soviético tuvo que regresar a Moscú pero jamás recibió el material filmado, que más tarde se ocupó en varios documentales. En 1979 apareció una versión estadounidense llamada *Tormenta sobre México*, que fue reconstruida por el asistente del director Grigory Alexandrov, quien utilizó las notas de su maestro.

CAPÍTULO 5

La ciudad en el bolsillo

Mi abuela a veces le susurra a la gente que es millonaria. Lo dice con una sonrisa traviesa como si ocultara un secreto. Y, en cierto modo, lo hace. En un rincón muy evidente de su casa, guarda bloques apilados con miles de pesos; según sus cálculos posee más de un millón y medio. Pero hay un detalle: ni uno solo de sus billetes sigue en circulación, su fortuna está hecha de impresiones descontinuadas, impregnadas por el aroma de los años y la humedad acumulada entre cada pieza de papel.

El dinero es un concepto complejo. Para algunos tiene todas las connotaciones negativas que corrompen el alma humana, pero otros han encontrado en él una carga de significado que trasciende lo meramente económico. Por ejemplo, Borges consideraba que el dinero representa nuestro libre albedrío y que una moneda guarda en sí un repertorio de futuros posibles. Mauleon añade que este objeto tan cotidiano también almacena la incógnita de un pasado prácticamente imposible de rastrear. Esta ambivalencia, entre la sombra de lo que fue y la elección de lo que podría ser, nos invita a repensar el valor del dinero, no solo como medio de intercambio, sino como portador de historias que difícilmente llegan a contarse.

En un mundo de transacciones infinitas, donde cada billete se pierde sin dejar rastro, es lógico que mi abuela no recuerde por qué guardó tanto efectivo. Quizás aquel dinero se hubiera convertido en una noche de teatro, una comida familiar, un viaje, las plantas que tanto le gustan, o cualquier otra cosa que los dispersara en el universo. Sin embargo, gracias a ese tesoro engañoso, pude descubrir un vínculo inesperado con mi ciudad. Desde hace varios años, cada miembro de la familia ha recibido un billete de su colección como regalo navideño. El primero que me obsequió me pareció muy hermoso, pues en el reverso tiene el famoso Ángel de la Independencia. Gracias a ese billete, decidí comenzar un álbum de billetes que me permitieran recorrer las calles de la Ciudad de México, pues todos los edificios que han aparecido en sus diseños aún pueden visitarse. Al examinar con detalle la vasta colección de mi abuela, comprendí que desde hace mucho tiempo llevamos pedacitos de la ciudad, con los que se puede trazar un mapa inadvertido de sus lugares más icónicos.

El Banco de México se fundó en 1925 y de esa época data su primera serie de billetes, que contenían alegorías sobre el comercio, la navegación y la energía eléctrica. Los detallados diseños fueron realizados desde la imprenta de la American Bank Note Company de Nueva York, que en esa época ya tenía un enorme catálogo de grabados que eran muy difíciles de reproducir. En la segunda serie se empezaron a incluir personajes ilustres y paisajes mexicanos. Por ejemplo, el billete de 50 pesos mexicanos de 1936 mostraba en su reverso una vista de la ciudad de Puebla, con los volcanes Iztaccíhuatl y Popocatépetl.

Ese mismo año se emitió la tercera serie, dentro de la cual se incorporó el legendario billete de 1 peso, el único con esta denominación que ha circulado en la historia del Banco de México y la pieza que inauguró mi colección de billetes urbanos. Su anverso, de color verde oliva, está enmarcado por un rectángulo de líneas con dos patrones, interrumpido en cada extremo por el número "1". En el centro destaca una representación exacta de la Piedra del Sol, comúnmente conocida como Calendario Azteca. Este monolito, de 3.6 metros de diámetro y aproximadamente 24 toneladas de peso, es una de las piezas más representativas de la cosmogonía mexica.

Seguir el rastro de esta piedra es una forma de viajar entre el tiempo y el espacio, pues su historia conlleva las andanzas de un monolito que, de manera inesperada, ha recorrido la ciudad. Originalmente estaba ubicado en el recinto ceremonial de Tenochtitlán pero fue removido tras la conquista y trasladado a la Plaza Mayor. En 1559, el arzobispo fray Alonso de Montúfar ordenó su entierro, atribuyéndole influencias negativas. Permaneció debajo de la ciudad durante más de 200 años, hasta el 17 de diciembre de 1790, cuando fue redescubierto durante los trabajos de nivelación de la plaza, solicitados por el virrey Revillagigedo. Posteriormente, se colocó en el costado poniente de la Catedral Metropolitana, pero en 1885 fue trasladado al Museo Nacional. Aunque el recinto tenia casi dos décadas desde su inauguración[1], fue hasta el Porfiriato cuando la Piedra del Sol se trasladó a la calle Moneda 13, siendo exhibida en la Sala de Monolitos. La cobertura mediática de esta travesía incluyó unos versos publicados por la imprenta de Antonio Vanegas Arroyo, en los que la enorme piedra se despedía del exterior:

Mucho sudor voy costando
porque algo pesado soy
para el Museo me voy
donde me van a encerrar
por eso digo llorando
¡adiós bella Catedral![2]

El poema es más extenso pero tan solo ese fragmento es un antecedente del viaje de una escultura que aún tuvo un último cambio de domicilio, ocurrido en 1964, cuando se llevó a las nuevas instalaciones del Museo Nacional de Antropología en el Bosque de Chapultepec. Para contemplar en persona la magnificencia de la Piedra del Sol, se debe visitar uno de los museos más famosos de la ciudad; en la sala mexica conviven algunos de los monolitos más emblemáticos del México Antiguo. El mismo billete que muestra la Piedra del Sol contiene otro espacio icónico de la urbe.

El diseño del reverso tiene un tono rosa carmín, con el número "1" en cada extremo y, al centro, una imagen de la Columna de la Independencia, ubicada en el Paseo de la Reforma. Este monumento fue inaugurado el 16 de septiembre de 1910 por el presidente Porfirio Díaz para conmemorar el Centenario de la Independencia de México. La escultura que corona el monumento —popularmente conocida como "Ángel de la Independencia"— es una representación de la Victoria Alada, sosteniendo una corona de laurel y una cadena rota de tres eslabones que simbolizan el final de los tres siglos de dominio español. El arquitecto Antonio Rivas Mercado ganó el concurso para la creación de la columna, realizada con esculturas y bajorrelieves del artista franco-italiano Enrique Alciati. Se suele pensar que Antonieta Rivas Mercado fue la modelo para la figura del Ángel; sin embargo, la verdadera inspiración fue Ernesta Robles. La confusión podría originarse en el hecho de que el perfil facial de Alicia, la hija menor del arquitecto, sí está representado en el medallón de la puerta de acceso a la columna de la Independencia. La primera piedra se colocó el 2 de enero de 1902 y tuvo una inversión de 2 millones 150 mil pesos de la época. El 28 de julio de 1957, un terremoto provocó la caída de la escultura desde una altura de más de treinta metros. Aunque el rostro original sufrió daños irreparables y quedó deformada, todavía se exhibe en la entrada del Archivo Histórico de la Ciudad de México, ubicado en el número 8 de la calle República de Chile.

En el Centro Histórico de la ciudad convergen la mayoría de las edificaciones representadas en los billetes mexicanos antiguos. Otro caso de la tercera serie, que circuló entre 1936 y 1978, fue el de 500 pesos mexicanos. En su reverso quedó plasmada la imponente fachada del Palacio de Minería, ubicado en el número 5 de la calle Tacuba. Este edificio, construido entre 1797 y 1813, es considerado la obra cumbre de Manuel Tolsá, el mayor exponente del estilo neoclásico en la Ciudad de México.

El Palacio fue concebido como sede del Real Seminario de Minería, institución que nació con el objetivo de formar a los expertos de la industria minera, que en el siglo XVIII colocaba a la Nueva España en el primer lugar mundial como productor de plata. El seminario no podía sostener el creciente impulso de las actividades mineras, lo que llevó a la creación de un centro de enseñanza más amplio. A lo largo de los siglos, el esplendor del Palacio de Minería ha sido admirado por figuras como Maximiliano de Habsburgo y Alexander von Humboldt, quien se nutrió del conocimiento científico de la comunidad estudiantil. Además de su importancia académica, este espacio fue escenario de lujosos eventos aristocráticos. Uno de los más célebres ocurrió en 1840, cuando los miembros de la Legación Británica organizaron un baile en honor al casamiento de la Reina Victoria. Décadas después, en 1867, el edificio albergó un banquete y ceremonia en honor a Benito Juárez en su majestuoso Salón de Actos Públicos.

Hoy en día, este recinto funciona como un museo repleto de maravillas que aparecen al atravesar los arcos de la entrada. Desde hace más de un siglo, el vestíbulo del Palacio recibe a sus visitantes con una colección de meteoritas, algunas de las más grandes y pesadas de la Tierra. Una fotografía de 1906 capturó a un hombre cuya mano reposa sobre la superficie rugosa de una de las rocas. Ese gesto es significativo, pues el Palacio de Minería sigue siendo uno de los pocos sitios en el mundo donde se pueden tocar fragmentos del espacio. En el patio principal del recinto, además, se resguarda una de las bibliotecas más bellas de la ciudad, con un acervo aproximado de 184 mil libros. Sin duda, el billete de 500 pesos mexicanos capturó un edificio histórico imperdible que vale la pena recorrer.

La incorporación de sitios históricos de la Ciudad de México en las series de billetes ha sido una constante que se amplió en emisiones posteriores. La inauguración de la Fábrica de Billetes del Banco de México en 1969 permitió la producción de una nueva generación de trece billetes, de los cuales siete incluían representaciones de piezas arqueológicas y lugares culturales que se pueden visitar en la capital.

Entre esa serie, el billete de mil pesos ocupa un lugar especial en mi colección por ser el más literario de todos. En el anverso, se presenta el célebre retrato de la poeta Juana de Asbaje, conocida como Sor Juana Inés de la Cruz. En el reverso, se aprecia una vista de la Plaza de Santo Domingo, rodeada por sitios significativos para la historia literaria de la urbe. Conviene llevar el billete a esa plaza para comparar el presente con el pasado, casi intacto. La cronista Ángeles González Gamio ha mencionado que esta es su plaza favorita del Centro Histórico, pues “conserva prácticamente todos sus edificios originales”.

Es posible que la imagen del billete esté inspirada en grabados de álbumes de paisajes mexicanos publicados por artistas como Karl Nebel, Pietro Gualdi o John Phillips. A pesar de las diferencias entre los grabados, la composición del billete revela los mismos espacios. A la izquierda, se distinguen los característicos arcos del Coliseo Viejo, construido en el siglo XVII y que, después de la Independencia, pasó a conocerse como el Portal de los Evangelistas. Este nombre hacía referencia a los escribanos que trabajaban allí, ofreciendo sus servicios de lectura y redacción de cartas o documentos para la población analfabeta.

Estos evangelistas eran personajes citadinos con un oficio fundamental, descrito con detalle en *Los mexicanos pintados por sí mismos*. Este fascinante libro, publicado en 1855, retrata diversos oficios desaparecidos, como "El sereno", "El aguador", "El poetastro" y el ya mencionado "Evangelista". La ilustración que lo acompaña muestra a un anciano absorto en su labor, sentado en su butaca, mientras al fondo se distinguen los portales de la Plaza de Santo Domingo, su lugar de trabajo.

Volviendo a la imagen del billete, cerca del Portal de los Evangelistas se observa otro elemento que formó parte del paisaje urbano de la plaza: la fuente de "La Aguilita", que fue sustituida por la estatua de Doña Josefa Ortiz de Domínguez alrededor de 1900. Se dice que la fuente original fue demolida, pero una reconstrucción muy similar aún puede verse en la llamada Plaza de los Escribanos, oculta en la calle Leandro Valle, a un costado de la iglesia de Santo Domingo.

Además, este rincón fue uno de los escenarios principales de la película *El callejón de los milagros* (1995), dirigida por Jorge Fons. El guión cinematográfico, escrito por Vicente Leñero, adaptó la novela homónima del Premio Nobel de Literatura, Naguib Mahfouz, trasladando su historia del Egipto de posguerra al México contemporáneo.

Al centro de la plaza destaca el antiguo Templo de Santo Domingo, con su atrio desaparecido y sus dos puertas; de aquel espacio devoto solo se conserva la iglesia. Este conjunto perteneció a la orden de los dominicos, que llegó a la Nueva España en 1526 y, siglos después, fue fraccionado debido a las Leyes de Reforma.

Además, junto a la iglesia, aparece la calle que hoy conocemos como República de Brasil. Entre los edificios reconocibles sobre esta vía, se distingue la torre de la Parroquia de Santa Catarina Virgen y Mártir. Más adelante, a la altura del Templo de Santo Domingo, se asoma apenas un fragmento de la portada achatada que el arquitecto Pedro Arrieta diseñó para albergar al Tribunal del Santo Oficio de la Inquisición. Esta institución operó en ese lugar durante 84 años, hasta su clausura en 1824.

El edificio permaneció abandonado y cuando fue subastado públicamente en 1838, se dice que nadie quería comprarlo debido a las leyendas que rodeaban su aura tenebrosa. Pasaron más de quince años antes de que el Palacio se convirtiera en la Escuela de Medicina; durante esa etapa, sus muros recibieron a otro fantasma: el poeta Manuel Acuña, quien terminó con su vida el 6 de diciembre de 1873, hecho que se recuerda con una placa instalada en uno de los muros exteriores del edificio, que hoy funciona como el Museo del Palacio de Medicina UNAM.

Finalmente, en el lado derecho del billete, aparece el edificio de la Ex Aduana de Santo Domingo, construido en el siglo XVIII y que actualmente forma parte del Museo Vivo del Muralismo, anteriormente sede de la Secretaría de Educación Pública (SEP). Otro aspecto fascinante de este billete es uno de sus elementos de seguridad, pues, al ponerlo a contraluz, en el espacio blanco que interrumpe el último edificio mencionado, se revela el rostro de la Décima Musa.

Pero los billetes de aquella cuarta emisión, que comenzó a circular en 1969, no se limitaron a incluir edificios ubicados exclusivamente en el Centro Histórico. El diseño del billete de dos mil pesos utilizado a partir de 1983 reproduce un grabado de la preciosa Biblioteca Central, ubicada en Ciudad Universitaria. Esa zona me parece imperdible para locales y viajeros, no solo por su historia y sus paisajes, sino también por su riqueza arquitectónica. En ese billete se reconocen de inmediato los característicos murales, que en 1948 fueron proyectados por los arquitectos, Juan O'Gorman, Gustavo Saavedra y Juan Martínez de Velasco. En la misma cara del billete aparece un retrato de Justo Sierra, una de las figuras más emblemáticas en la historia educativa de México. Siguiendo con ese tema, el reverso del diseño muestra el claustro de la Universidad Pontificia Nacional, en cuyo centro se exhibió alguna vez la icónica escultura ecuestre de Carlos IV, diseñada por Manuel Tolsá en el siglo XIX y conocida como "El Caballito". Al igual que la Piedra del Sol, dicha pieza tuvo un carácter viajero, pues fue trasladada varios puntos de la ciudad antes de ser colocada frente al Museo Nacional de Arte (MUNAL).

Uno de los elementos que más llamó mi atención en este billete fue la diminuta firma que da autoría a la viñeta. En este caso, aparece la leyenda "J. Peral", que pertenece a uno de los grabadores más destacados de billetes mexicanos: Jorge Peral. Entre sus minuciosos trabajos artísticos también se encuentra el monolito de la Coyolxauhqui, que figura en el billete de diez mil pesos emitido en 1981 a raíz del hallazgo que dio pie a las excavaciones que detonaron el descubrimiento del Templo Mayor.

En una charla impartida en el Banco de México, el maestro Peral compartió que comenzó a trabajar para esa institución en 1978, apenas dos semanas después de que se encontrara el monolito prehispánico. También aclaró que el primer diseño de este monolito fue obra del maestro Reyes Santana Morales —pionero del diseño de billetes y monedas de circulación nacional— quien le encargó a Peral realizar el grabado. Para ello, Peral construyó una miniatura de la piedra sagrada en yeso, lo que le permitió estudiar la luz que debía reflejar su obra. Posteriormente, realizó una acuarela en la que definió los claroscuros de la pieza, y la ejecución del grabado final le llevó alrededor de cinco o seis meses de trabajo. Durante su participación en la conferencia, organizada en 2023, el maestro Peral donó la estatuilla a la colección del Banco de México.

Uno de los edificios más deslumbrantes del Centro Histórico es, precisamente, el que alberga el museo de esta institución. Aunque aún no tengo este ejemplar en mi colección, es importante mencionar que la fachada del edificio también fue inmortalizada en un grabado del maestro Peral, que aparece en el billete de cien mil pesos mexicanos, emitido por primera vez el 4 de enero de 1988.

El inmueble, ubicado en la avenida 5 de Mayo número 2, fue construido entre 1903 y 1905 por Theodore William Emile de Lemos, A.R. Whitney y Gonzalo Garita para la compañía de seguros The Mutual Life Insurance Company of New York. En 1926 fue remodelado por el arquitecto Carlos Obregón Santacilia y el ingeniero Federico Ramos para convertirse en la sede del Banco de México. Sobre el acceso principal, se encuentra una escultura tallada en cantera por el artista mexicano Manuel Centurión, que representa a una pareja (hombre y mujer), simbolizando el trabajo y la abundancia, y custodiando el letrero que dice: "Banco de México". El vestíbulo está integrado por ocho columnas de nueve metros de altura, revestidas de mármol negro de Bélgica, que le otorgan un estilo elegante y monumental, único en toda la ciudad.

Además de ilustrar lugares emblemáticos, Peral retrató a personajes históricos, como los rostros de los Niños Héroes en el billete de cinco mil pesos. En el reverso de esta pieza, se muestra el Castillo de Chapultepec, pero la firma indica que el diseño fue elaborado por "M. Sasián", la primera mujer grabadora de billetes mexicana.

Martha Sasián realizó sus estudios superiores en la Escuela Nacional de Artes Plásticas en la Antigua Academia de San Carlos y comenzó a trabajar para el Banco de México de forma inesperada. Aunque la fábrica de billetes mexicana abrió sus puertas en 1969, las piezas se seguían grabando en el extranjero. Con el fin de crear una oficina de expertos en la técnica del grabado al buril, el Banco lanzó una convocatoria ese mismo año dirigida a jóvenes artistas que quisieran capacitarse en Europa. Una de las amigas de Sasián presentó su examen y mientras la acompañaba conoció a Reyes Santana, quien le sugirió aplicar a la convocatoria.

Su acuarela de Lázaro Cárdenas resultó ser tan buena que Sasián fue seleccionada con otros artistas y comenzó su capacitación con el grabador Trento Cionini en la Banca d'Italia. Permaneció en Roma de 1978 a 1980, donde aprendió diversas técnicas que aplicó para su primer diseño, al que Cionini agregó un desafío: debía realizar el dibujo del Castillo de Chapultepec a mano alzada, sin ayuda de regla ni compás. El billete se emitió el 12 de septiembre de 1980 y así comenzó la exitosa carrera de Martha Sasián. En el Museo del Banco de México se exhibe su diario original acompañado de una pantalla con todas las páginas digitalizadas que muestra su meticuloso proceso de diseño.

La firma "M. Sasián Grab." también aparece en algunos de los "nuevos pesos" emitidos a partir de 1994. En el reverso del billete de 20 pesos, en el que ilustró un retrato de Benito Juárez y el Hemiciclo erigido en su honor durante el porfiriato, que actualmente se puede ver en la Alameda Central. Sasián también diseñó las viñetas que aparecen en el billete de 200 pesos: el rostro de Sor Juana y el Templo de San Jerónimo, donde residió la poeta en el siglo XVII. Dentro de la misma serie, Sasián elaboró los grabados del billete de 500 pesos, que muestran, por un lado, a Diego Rivera junto a su pintura "Desnudo con alcatraces" y, por el otro, a Frida Kahlo con una reproducción de su obra "El abrazo de amor del universo, la tierra, yo, Diego y el señor Xólotl" (1949). Aunque el óleo original pertenece a una colección privada, Frida Kahlo incluyó un boceto de la obra en su diario, fechado en agosto de 1947. Este billete, si bien no ilustra lugares específicos de la ciudad, sirve como un pretexto perfecto para visitar los museos dedicados a estos artistas, la Casa Azul y el Museo Anahuacalli, ambos situados en Coyoacán.

El billete más reciente que me regaló mi abuela se ha convertido en uno de mis diseños preferidos. Se trata del billete de cien pesos, que circuló del 28 de octubre de 2008 hasta el 1 de diciembre de 2017. En este ejemplar aparece una de las figuras que considero más fascinantes en la historia de México: Nezahualcóyotl, también conocido como el "Rey Poeta". La cara opuesta a su retrato está llena de significado y oculta un detalle que podemos encontrar en la ciudad.

Para explicarlo, es necesario recordar que "Nezahualcóyotl" significa "coyote hambriento", y es precisamente por esto que el billete incluyó el coyote de piedra del que emana un camino de agua, evocando a la fuente monumental que lleva su nombre y que se encuentra en el Bosque de Chapultepec.

La fuente, inaugurada en 1956 y diseñada por el arquitecto Luis Ortiz Monasterio, es un homenaje a la vida y obra del Rey Poeta. Se trata de un extenso conjunto escultórico que narra los momentos más trascendentales de su historia, incluyendo una de sus mayores aportaciones a nuestra ciudad: el diseño del acueducto que transportaba agua dulce desde Chapultepec hasta Tenochtitlán. El coyote de piedra que aparece en el billete ilustra la misma escultura que se aprecia al llegar a la fuente real. Además, ese vínculo primordial con el agua, se fortalece en el diseño del billete al mostrar una recreación del Templo Mayor, donde el agua cubre la parte inferior de la imagen, enfatizando la función del acueducto.

En 2018 se emitió la familia más reciente de billetes que hoy circula entre nosotros. Específicamente el 31 de marzo de 2021 se imprimió un ejemplar que conmocionó a toda la ciudad: el billete del ajolote. Desde que esa pieza empezó a circular, diversos medios reportaron que los mexicanos no querían gastarlos debido a su belleza, incluso corrió el rumor de que el Banco de México ya no iba a emitir más billetes con el asombroso diseño. La sensación que causaron los 50 pesos mexicanos también llegó hasta el diario satírico *El Deforma*, con un artículo titulado: "Economía está estancada porque nadie suelta su billete del ajolote: Banco de México".

Desde su aparición, ha sido un ejemplar entrañable que también ha renovado el interés por una especie endémica que está en peligro de extinción, a causa de la destrucción que ha sufrido su hábitat natural: Xochimilco. En el anverso del billete se representaron los canales ancestrales de la zona, también conocidos como jardines flotantes y que en 1987 fueron declarados Patrimonio Mundial de la Humanidad por la UNESCO.

En realidad, la cara frontal del billete es la vista panorámica de Tenochtitlán, donde se alcanza a distinguir a la mujer dormida, cuya silueta está delimitada por un volcán nevado, imagen que hemos podido contemplar en diversas ocasiones desde la Ciudad de México. Esa vista, con el detalle del volcán, es una reproducción de un mural de Diego Rivera titulado "La gran Tenochtitlán vista desde el Mercado de Tlatelolco". En 1945, el pintor realizó esa obra como parte de la serie de murales sobre la historia mexicana que pintó sobre las paredes del Palacio Nacional. Además, el motivo principal del billete es un fragmento de "Teocalli de la guerra sagrada", un monolito que muestra un águila posada sobre un nopal. La pieza fue esculpida por los mexicas, bajo las órdenes de Moctezuma II y actualmente se puede contemplar en el ya mencionado Museo Nacional de Antropología.

En esa misma serie se integró por primera vez otro espacio emblemático de la Ciudad de México: el antiguo Colegio de San Ildefonso. Sus característicos arcos acompañan a Sor Juana en el billete de cien pesos. Basta con detenerse un instante para notar que los billetes no solo circulan por la ciudad, también la contienen. Ver sus piedras, edificios y paisajes reflejados son una invitación silenciosa para redescubrirla. Así, cada billete que pasa por nuestras manos es más que un simple intercambio de valor. Entre líneas de tinta y filigranas, aquellos edificios se despliegan silenciosos, esperando ser explorados. ¿Cuántos de nosotros hemos sostenido en los dedos el rostro de Sor Juana sin pensar en los muros que resguardaron su genio? ¿Cuántas veces ha cruzado la silueta de Chapultepec de un bolsillo a otro sin que nadie repare en las huellas del agua?

En el ritmo acelerado de lo cotidiano, estos billetes parecen efímeros, piezas de un ciclo que nunca se detiene. Pero si los miramos con la atención que merecen, veremos en ellos la precisión de un trazo, la maestría de un grabado, el eco de un diseño que no solo ilustra, sino que narra. Son obras de arte al alcance de todos, pequeñas ventanas a un país que ha encontrado en su moneda una forma de contar su historia.

Por eso, de vez en cuando, merece la pena guardar uno, apartarlo de la danza frenética del comercio y dejar que se asiente en nuestra memoria. Porque en su papel habitan pedazos de un rico territorio que merece ser recorrido. En mi pequeña colección de billetes urbanos hay algo más que arquitectura y caras ilustres: está la huella de mi abuela, quien durante más de treinta años los acumuló sin saber que pondría entre mis manos un tesoro invaluable. Gracias a ella, entiendo que los billetes pueden recordarnos que la ciudad siempre se lleva en los bolsillos.

CAPÍTULO 6

La memoria del agua

Por más que lo piense, lo escuche y lo repita, me sigue pareciendo increíble que la ciudad antigua se haya construido sobre un lago y que los mexicas utilizaran calles hechas de agua para llegar a sus destinos. Los guiños a la naturaleza lacustre de nuestra tierra se encontraban incluso en los nombres que designaban diversas zonas; antes de ser el "Valle de México", los pueblos mesoamericanos le llamaban *Anáhuac*, que significa "junto al agua". El islote de la mítica Tenochtitlán estaba rodeado por cinco lagos de los que prácticamente no queda nada: Chalco, Xochimilco, Texcoco, Xaltocan y Zumpango. Las condiciones geográficas de aquel valle transparente fomentaron que los habitantes del lugar imposible aprendieran a convivir con el agua, el verdadero oro que los españoles no supieron atesorar.

El plano cartográfico más antiguo de la ciudad prehispánica que sobrevivió hasta nuestros días es el Mapa de Nuremberg. La visión de Tenochtitlán que se difundió en el viejo continente surgió de la palabra escrita. Ese mapa fue trazado a partir de la descripción que Hernán Cortés plasmó en la segunda carta de relación, enviada al emperador Carlos V, para que pudiera imaginar el nuevo mundo. Cortés firmó esa misiva el 30 de octubre de 1520 pero el mapa apareció cuatro años después, en la edición latina publicada en Alemania. Algunos ejemplares incluso se pintaron a mano y muestran un cuadro donde predomina el azul de la laguna, rodeada por las montañas verdes y distribuidas entre el agua pequeñas casitas con techos rojos.

Los dibujos de esa representación fueron estructurados con un estilo europeo, que incluye torres, castillos y puentes con arcos que me recuerdan a los mapas medievales, cuyo trazo contenía una gran imaginación. En algunos de ellos aparecía la leyenda *hic sunt dragones* —que significa "Aquí hay dragones"— para señalar territorios inexplorados o peligros desconocidos; en varios puntos del océano de papel, surgían monstruos marinos aterradores como serpientes gigantes o dragones que acechaban en el fondo un mar finito, donde incluso pequeñas embarcaciones parecían precipitarse hacia el abismo. Desde entonces, el agua ya era temida por los pobladores del viejo continente, mientras que, al otro lado del océano, los antiguos mexicanos aprendieron a convivir con ella, a domesticarla sin someterla. Para ellos, el agua no era un monstruo para evitar, sino una diosa generosa a la que se rendía culto. Mientras en Europa el mar marcaba los límites del mundo conocido y sus amenazas, aquí el agua era uno de los elementos que sostenían el cosmos.

Hoy cuesta imaginarlo. La ciudad, cubierta de asfalto, ruido, prisa y concreto, parece haber borrado su origen líquido. Como si los lagos, los ríos y los manantiales que una vez la habitaron profusamente, se hubieran evaporado. Pero el agua nunca olvida. La memoria de sus cauces persiste en lo más hondo del subsuelo, en las grietas de los adoquines, en los nombres de algunos barrios y en las tormentas que, cuando llegan, reclaman lo que alguna vez les perteneció. En cada inundación, la ciudad recuerda su condición lacustre. La más reciente ocurrió a mediados del siglo pasado: el 15 de julio de 1951, una lluvia intensa desbordó ríos y anegó calles, sumergiendo edificios y transformando el paisaje urbano. Aunque el agua estancada fue retirada en poco más de una semana, las secuelas y labores de recuperación se prolongaron por cerca de tres meses.

Durante ese tiempo, los capitalinos, sin proponérselo, caminaron por un paisaje que evocaba a la antigua Tenochtitlán: las avenidas se transformaron en canales improvisados, las banquetas parecían orillas y el Centro Histórico adquirió una atmósfera arcaica, como si emergiera de una capa más profunda del tiempo. Las fotografías de la época capturaron ese instante en que la ciudad volvió a parecerse a su origen: la Catedral rodeada por el agua, el cielo plomizo reflejándose en las ondulaciones, y las lanchas improvisadas deslizándose entre muros centenarios. Gracias a esas imágenes, es posible asomarse a una versión alterna de la ciudad, una que nunca dejó de existir del todo bajo la superficie.

Con el desastre nacieron oficios efímeros. En las fotografías capturadas por Juan Guzmán, se muestra uno de los puertos, donde jóvenes remeros transportaban "taxi-lanchas" inflables por avenidas que dejaron de ser calles para volverse canales. Una de sus fotografías más insólitas y teatrales muestra la calle 16 de septiembre convertida en un escenario acuático. Al fondo, una multitud difusa observa, detenida por el agua. Al centro, un bote inflable parece desafiar la lógica: lo ocupan músicos y pasajeros, como si en medio del caos se hubiera montado una escena de fiesta. Un mariachi rasga su guitarra; otro, con sombrero ancho, sostiene un violín. A su lado, un hombre con suéter de rombos mira directamente a la cámara, aunque su expresión no delata si está posando o simplemente fue sorprendido en un instante de pausa. En el agua estancada, que apenas cubre los tobillos de los niños, se refleja un espectáculo tan improbable como real. La vida seguía —música incluida— incluso sobre las calles sumergidas.

En noviembre de 1952, la revista *Life* publicó un reportaje titulado "La Ciudad de México se está hundiendo", en el que se mencionaba que los lancheros generaban entre 10 y 50 dólares al día por ejercer esta función. Hoy, en contraste, la ciudad enfrenta otro extremo: escasez, sequías prolongadas, un calor despiadado y un aire polvoriento que parece haber desterrado cualquier rastro de humedad. En una urbe que alguna vez flotó sobre un sistema de lagos, ahora se implora por la lluvia. La paradoja es punzante: aquello que alguna vez fue exceso, hoy es carencia. Pero a veces, en medio de esa aparente sequía, surgen esfuerzos por devolverle a esta tierra su cualidad más esencial: la de flotar, de ser un espejo del cielo.

Habitar en las cercanías de Culhuacán, me permitió descubrir que algo estaba ocurriendo en la Avenida Canal Nacional. Mi padre solía transitar ese camino y cuando fuimos a ver lo que ocurría nos quedamos sin palabras. En un tramo de aquella avenida, había un largo camino de agua donde nadaban grupos de patos y diferentes tipos de aves la bebían para después posarse sobre árboles frondosos. Parecía que el pasado acuático regresaba otra vez, la realidad me conmovió profundamente porque lo que me había impactado en viejas fotografías, pinturas, grabados o recreaciones artificiales ahora estaba frente a mis ojos.

El Canal Nacional no solo es un cuerpo de agua: es uno de los caminos hidráulicos más antiguos y significativos del valle de México. Con más de dos mil años de antigüedad, se le conocía como *Huey Apantli* (Gran Acequia), y conectaba las zonas del sur —como Xochimilco, Santa María Tomatlán y parte del área de Chalco— con el gran sistema de canales que llegaba hasta el centro de la antigua Tenochtitlán. Durante el virreinato, uno de los tramos cercanos a lo que hoy es el Centro Histórico, se llamó la Acequia Real, y por mucho tiempo fue una vía clave para el transporte de productos cosechados en el campo, incluso para las personas.

A lo largo de sus casi 12 kilómetros de longitud y hasta dos metros de profundidad, este canal artificial —abierto para mantener el flujo de agua incluso en la temporada seca— ha resistido el embate del crecimiento urbano. Hoy, gracias al esfuerzo de vecinos organizados como la Fundación López de la Rosa, liderada por el arqueólogo, Edmundo López de la Rosa, este corredor acuático ha sido recuperado y resignificado. A sus orillas crecen ahuejotes, sauces llorones y ahuehuetes —identificados con placas—, y se han documentado numerosas especies de aves silvestres y migratorias, como los patos mexicanos, así como la presencia de otros animales.

Vecinos aprovechan las sendas para correr acompañados del canal, familias enteras destinan su descanso sabatino o dominical para contemplar el entorno, incluso ya hay algunos restaurantes, heladerías o puestos donde se vende comida para los visitantes. El canal recuperado forma parte del Patrimonio Cultural de la Ciudad y es un espacio natural donde la comunidad redescubre su historia y reconoce, con asombro, que el agua nunca se ha ido.

Aunque no podemos verlo completamente, debajo de muchas avenidas de la Ciudad de México todavía fluyen algunos ecos de su antigua red lacustre. Casi todas las calles que llevan el nombre de un río no lo hacen por casualidad: bajo su asfalto corre un cauce enterrado. Bajo el Viaducto Miguel Alemán, por ejemplo, se entubó el antiguo río de la Piedad; lo mismo ocurrió con los ríos Churubusco y Consulado. En Chimalistac, la calle Paseo del Río sigue el trazo del antiguo cauce del río Magdalena, uno de los últimos ríos vivos de la ciudad. La Calzada de la Viga también fue un tramo por donde pasaba el Canal Nacional, pero a partir de 1921 se entubó como parte de un proyecto para evitar inundaciones.

A diferencia de la recuperación impulsada por la Fundación López de la Rosa, en la Viga hoy solo queda el asfalto. Frecuento esa avenida desde que tengo memoria porque a mis abuelos les tocó vivir los últimos años en que, en lugar de autos, era una zona de canoas repletas de flores, caminos con árboles frutales y un paraje hermoso que hoy recuerdan con mucha nostalgia. El nombre de la avenida remite a la antigua garita de la Viga, donde se controlaba el acceso y el cobro de impuestos a las mercancías que llegaban por agua a la ciudad. Por ese cuerpo acuático navegaron incluso pequeños barcos de vapor; uno aparece en una litografía de Casimiro Castro titulada "El pueblo de Ixtacalco". La imagen muestra un canal ancho, surcado por embarcaciones de distintos tamaños, envuelto en árboles frondosos que parecen multiplicarse hasta tocar las montañas. Al fondo, los volcanes nevados completan el paisaje. Para lograr esa vista, en el siglo XIX se recurrió a globos aerostáticos.

Durante mucho tiempo, este tramo fue más que una vía de transporte: fue también un lugar para pasear y maravillarse, pues siguiendo paralelamente el camino de agua, había una zona terrenal conocida como el Paseo de la Viga. Las crónicas del México decimonónico suelen describir un espacio colmado de viajeros, vendedores y una muchedumbre entregada a los paseos de la ciudad. Para el escritor Florencio Maria del Castillo, el embarcadero de esta zona era una "Torre de Babel", donde se fundían los gritos de pulqueros, dulceros, fruteros y la animada multitud:

> Las canoas navegan así hasta Santa Anita o Ixtacalco, pequeños, pero pintorescos pueblecillos de indígenas que se mantienen con el comercio de flores, de legumbres, de patos. Allí se renueva el fandango, se hacen nuevas libaciones y cuando el sol ha caído, regresan todos más contentos, más animados. Todos vuelven entonces coronados de flores, de las que se cultivan en las chinampas, jardines flotantes hechos en medio de las aguas a fuerza de industria; y ya entrada la noche, al dispersarse la multitud silenciosa, pues la alegría después de su explosión, causa y deja un vacío en el corazón, lleva hasta el hogar doméstico la guirnalda de amapolas, que es de rigor traer, como un recuerdo del placer pasado.

Ese mundo acuático que pareciera sepultado bajo el asfalto sobrevive en fragmentos dispersos de la ciudad, donde el agua, de pronto, se deja ver. Xochimilco es, quizá, el ejemplo más claro de esa resistencia: un paisaje que sigue vivo gracias a la conservación del sistema ancestral que creó sus canales y chinampas. Estos jardines flotantes, construidos con sabiduría milenaria, aún perduran como un oasis natural en medio del caos urbano.

Hace algunos años escuché a un especialista decir que a los canales de Xochimilco les quedaban, cuando mucho, dos décadas de vida. No quise comprobar la veracidad de aquella afirmación; me aterraba pensar que, al envejecer, así como mi abuelo recuerda con tristeza el esplendor del antaño canal de la Viga, yo también tuviera que describir un paisaje extinto a mis nietos. Ojalá se equivoquen, ojalá Xochimilco encuentre más aliados que depredadores, más ojos curiosos que indiferencia.

Durante mi infancia, aquella zona representaba para mí un espacio ruidoso, de música y fiesta. Al igual que muchas otras familias capitalinas, la mía solía asistir algún domingo para celebrar un cumpleaños a bordo de trajineras adornadas con flores de papel, mariachis y mucha comida. Era un Xochimilco estridente, colorido, caótico, pero esa era solo una de sus muchas caras. Con el tiempo descubrí otra forma de navegar por sus aguas: una más callada, más profunda. Empecé a seguir recorridos culturales organizados por los propios habitantes de la zona, quienes tratan de preservar el legado arcano de sus canales. Aprendí que las chinampas —esas islas de cultivo construidas con tierra, raíces y paciencia— no solo eran un método agrícola, sino una muestra del ingenio con el que los pueblos originarios supieron convivir con el agua. Ese sistema aún funciona y alimenta a buena parte de la ciudad.

Ahí conocí también al ajolote, esa criatura que parece inventada por un poeta con alma de científico. Es un anfibio endémico de la zona lacustre, capaz de regenerar partes de su cuerpo y que porta un rostro con una expresión que parece esbozar siempre una sonrisa. Pero además, su historia está ligada a la mitología mexica: el dios Xólotl, hermano gemelo de Quetzalcóatl, se negó a sacrificarse para que el Quinto Sol pudiera nacer. Xolotl, aterrado, intentó huir del destino y se transformó varias veces: primero en maíz, luego en maguey, y finalmente se lanzó al agua y se convirtió en ajolote. Pero fue descubierto y asesinado. Desde entonces, este mítico animal encarna no solo el miedo a la muerte, sino también la fuerza de la supervivencia. Me gusta pensar que los canales de Xochimilco son como un ajolote: una criatura mágica, contradictoria, que se rehúsa a desaparecer, aunque esté rodeada de amenazas. A pesar de que el ajolote sigue siendo una especie en peligro de extinción, existen proyectos empeñados en rescatarlo.

Algunas trajineras suelen llevar a los visitantes a los "Ajolotarios" de la zona, donde además de contar las extraordinarias características de la especie, los estudian, los cuidan y los quieren. El primer proyecto que me acercó al lado B de Xochimilco fue Axolotitlán, encabezado por Pamela Valencia, quien después de años de trabajo independiente fundó el Museo Nacional del Ajolote. Las primeras instalaciones estuvieron en el barrio de Coyoacán y conforme sus necesidades aumentaron, se trasladó al Parque las Águilas. Este recinto biocultural apareció en el último episodio de *Aquí nos tocó vivir*, conducido por la periodista Cristina Pacheco.

Otro proyecto cultural que organiza actividades únicas en el paisaje onírico de Xochimilco, es Apan-calli. Sus "derivas lacustres", ofrecen una travesía sin rumbo fijo por los caminos de agua, que se convierten en experiencias poéticas, donde lo importante no es el destino sino la contemplación.

En 2024 idearon un avistamiento del Eclipse de Sol que conmocionó a la ciudad, pero desafortunadamente no pude asistir. Además, últimamente se ha puesto de moda ver el amanecer desde una trajinera o un kayak. Aunque hay quienes critican esta tendencia por parecer superficial o pasajera, yo creo que hay algo profundamente bello en detenerse a ver la salida del sol. Esa atención al instante, a lo cotidiano, puede ser también una forma de regresarle protagonismo a la naturaleza y evocar la sacralidad que solía tener la riqueza natural para los antiguos pobladores del Anáhuac. Navegar al amanecer es otra cosa. El silencio reina sobre los canales y los primeros rayos del sol devuelven el color a las plantas, que se reflejan en el agua turbia como si fuera un óleo en movimiento.

Nunca olvidaré la primera vez que vi un amanecer en Xochimilco, en esas horas solitarias todo es más lento, más íntimo. La canoa se deslizaba en la oscuridad hasta llegar al canal más ancho. El cielo aún no se distinguía, pero pronto empezó a teñirse de un azul muy tenue. El agua se llenó de neblina y los primeros grupos de patos empezaron a colmarla de ondas y sonidos; las garzas extendían sus alas sobre los cielos enrojecidos, y cientos de ramas verdes crujían con la brisa. Todo parecía venir de un mundo distante. Y sin embargo, seguíamos dentro de la ciudad. Xochimilco es, quizás, la muestra más palpable de una urbe donde alguna vez predominaron los caminos de agua. Sus canales, diseñados por la mano humana, resisten como arterias de un pasado latente.

Estos ejemplos no son los únicos que revelan la historia lacustre de la capital mexicana. Aunque gran parte de los antiguos cauces corre hoy bajo nuestros pies, el Magdalena es el último río vivo de la Ciudad de México. Su nombre prehispánico era *Atlitic* (lugar donde abunda el agua) y todavía conserva algunos tramos que logran asomarse entre el asfalto.

En Coyoacán, existe una iglesia de piedra, cuyos alrededores han sido parte del entorno urbano durante siglos. El Puente de Altillo es una construcción virreinal por donde siempre ha cruzado el río y fue plasmado por el paisajista Eugenio Landesio en 1861, capturando un ambiente pueblerino donde las mujeres lavan ropa en la ribera. La imagen del puente y la capilla de San Antonio de Panzacola ha sido representada en diversas obras de arte, destacando la importancia cultural y ambiental del lugar. Aquí, también fueron los vecinos quienes comenzaron una labor de recuperación, pues se han encargado de organizar jornadas de limpieza para rescatar al río que nace en el Cerro de las Cruces. Ha sido un proceso lento y sumamente difícil debido a la contaminación del agua, pero proyectos como este son un atisbo de esperanza ante la posibilidad de restaurar el entorno natural que predominaba en tiempos antiguos.

Mientras en Panzacola continúa la lucha por devolverle su antiguo esplendor, la forma más pura del río Magdalena se encuentra en el Parque Nacional Los Dinamos, un paraíso natural enclavado en la alcaldía Magdalena Contreras. El nombre del parque, que abarca más de 2,400 hectáreas de bosque, cañadas y riachuelos, proviene de las antiguas plantas hidroeléctricas que aprovecharon la fuerza del río para generar energía a principios del siglo XX.

El paisaje aquí parece sacado de otro tiempo: el murmullo constante del agua corriendo entre piedras, el brillo húmedo sobre las rocas cubiertas de musgo, el aroma que mezcla árboles y tierra mojada, todo contribuye a la sensación de haber salido de la ciudad sin haberla dejado. Los rayos del sol se cuelan entre los árboles altos y espigados, iluminando cascadas escondidas y senderos de tierra que invitan a la caminata pausada. Es un lugar que impone por su fuerza y belleza: las caídas de agua hacen eco entre las piedras, recordándonos cuán pequeños somos frente a la madre Tierra.

Entre ese ecosistema de agua viva y ecos silvestres habita una historia musical que ha cruzado fronteras. Se dice que, muy cerca de los nacimientos del río Magdalena —cuando aún fluían manantiales cristalinos—, un joven llamado Juventino Rosas halló en ese entorno la chispa para crear una pieza que, con el tiempo, se convertiría en uno de los valses más célebres de México. Una de las versiones sobre su origen sostiene que fue el murmullo del río lo que motivó su composición, y que su título inicial fue "Junto al manantial", posible referencia a las fuentes naturales que abundaban en la zona. Aunque existen otras teorías sobre su gestación, prefiero creer ciegamente que un paisaje mexicano, todavía visible y vivo, fue el que dio origen a una música que llegó a escucharse en distintos rincones del mundo.

Rosas fue un violinista de talento precoz; en su juventud formó parte de la orquesta que acompañaba a Ángela Peralta, la diva musical bautizada como el "ruiseñor mexicano". A pesar de su virtuosismo, Juventino Rosas vivió con estrecheces económicas y, agobiado por las deudas, se vio obligado a vender los derechos de varias de sus composiciones. En 1888 firmó un contrato con la empresa musical de Wagner y Levien, quienes adquirieron su música y publicaron la partitura bajo el título "Vals sobre las olas". El éxito fue inmediato. A partir de entonces, la melodía se interpretó en salones de baile, circos y conciertos, sin que muchos supieran que su origen no estaba en Viena ni en París, sino en un rincón arbolado al sur de la Ciudad de México.

A pesar de la popularidad de su composición, Juventino Rosas murió lejos de casa y del reconocimiento. En 1894, con apenas 26 años, enfermó durante una gira por Cuba y falleció en el puerto de Batabanó. En 1950, la vida del músico desconocido fue llevada a la gran pantalla en *Sobre las olas,* bajo la interpretación de Pedro Infante y dirigida por Ismael Rodríguez.

Este filme no muestra la belleza del río Magdalena, pero sí hay otra película que logró capturar su esencia. En 1932 se estrenó en

México la primera película de cine sonoro: *Santa*, protagonizada por Lupita Tovar. Las primeras escenas utilizaron como set de grabación al pintoresco Chimalistac. La película, solo puede verse en blanco y negro, pero aún así captó al hermoso entorno del río, que en esos años aún fluía por diversas avenidas del barrio.

Desde tiempos antiguos, la naturaleza ha sido una fuente inagotable de inspiración para el arte, ya sea a través de los pinceles que congelaron paisajes, en películas antiguas o en partituras musicales. La relación entre el hombre y la naturaleza ha sido un hilo constante a lo largo de la historia de la creatividad humana. Hoy, esta conexión sigue viva, y el río Magdalena y sus alrededores nos permiten vivir una experiencia directa con ese vínculo.

Caminar por los senderos de esa zona es una experiencia que sigue preservando los encantos naturales de la ciudad. El frío cala los huesos pero también activa los sentidos. El humo de los puestos de madera, donde se preparan quesadillas al comal, el café de olla servido en jarros, incluso pulque o curados, forma parte de la aventura de desayunar bajo los árboles. Es común escuchar expresiones de asombro de quienes descubren este paisaje por primera vez, como si no pudieran creer que semejante bosque existe dentro de la capital.

Además del senderismo y los desayunos al aire libre, en Los Dinamos se puede practicar ciclismo de montaña, rappel y escalada en roca especialmente en el Cuarto Dinamo, donde se encuentran paredes naturales muy apreciadas por escaladores. Hay rutas de diferente dificultad, tanto para visitantes casuales como para quienes buscan experiencias más intensas. También se organizan caminatas guiadas y es un lugar ideal para quienes practican fotografía de naturaleza o simplemente buscan un refugio para leer, escribir o desconectarse. Los Dinamos son un recordatorio poderoso de lo que fue el entorno natural de la cuenca de México, y también de lo que aún puede preservarse. Aquí el río no es solo una línea verde azulada en el mapa, sino una presencia viva que corre, suena y respira junto a los visitantes.

Lo que hoy tenemos es el resultado del esfuerzo y la dedicación de quienes, con un amor profundo por nuestra tierra y su historia, han trabajado incansablemente para preservar la memoria del agua. Son ellos quienes, con su visión y su cariño, han hecho posible que sigamos siendo testigos de la belleza líquida de una herencia que, aunque sobrevive, también se desvanece con el paso del tiempo —muchas veces, por nuestra propia causa. Me hubiera gustado mucho ver las calles pobladas de ríos, con sus aguas desbordando historias, llevando consigo la esencia de un pasado que constantemente regresa y se disuelve. No sé si me alcance la vida para comprobar si algún día se rescatarán más espacios lacustres, o si al menos Xochimilco sobrevivirá como testigo de ese legado acuático. Pero sin duda, seguiré explorando los vestigios que aún quedan. Seguiré buscando, en los rastros, las palabras y los recuerdos que evoca el agua, esa ciudad que perdimos... y que todavía intentamos recuperar.

CAPÍTULO 7

Las puertas de los siglos

En esta ciudad, donde las calles cambian de nombre y los edificios se levantan sobre ruinas de otras épocas, también hay puertas que parecen abrirse a nuevos mundos. La mayoría no son grandes ni ostentosas; algunas incluso pasan desapercibidas entre la amplia oferta de restaurantes, taquerías, cafeterías y negocios que abundan en casi cada esquina. Pero cuando se cruza el umbral de una librería de viejo, se entra a un universo infinito que parece contener todos los tiempos de la humanidad.

En esos espacios impregnados de azar y polvo hay algo que siempre me fascina: los ojos plagados de asombro ante los laberintos de libros, el placer del hallazgo, la victoria repentina de tener entre las manos un título singular cuya existencia nos era completamente desconocida. Sucede que, a diferencia de las grandes cadenas, estos refugios de papel albergan ejemplares huérfanos: libros de "segunda mano" que se retiraron del mercado, se dejaron de imprimir o se quedaron sin dueño. En este tipo de libros hay otra peculiaridad: entre sus páginas surgen de pronto pedazos del pasado que nos dejan adivinar alguna huella de sus antiguos propietarios.

A veces son nombres, iniciales, anotaciones en los márgenes, párrafos subrayados, dedicatorias. Pero además de palabras escritas, se han encontrado objetos como flores marchitas, cartas de amores imposibles jamás enviadas, boletos del metro, sellos postales, dibujos o fotografías que retratan rostros anónimos. También han aparecido indicios de otros seres que nada tienen que ver con la propiedad, como los hondos caminos que las polillas trazan entre las palabras o algún insecto asesinado por la tinta y el papel. Incluso he sabido de milagros literarios: un amigo librero me contó que una vez encontró un fajo de billetes con la cantidad exacta que necesitaba para salvar a su librería de la muerte. Por ello, las sorpresas que puede contener una librería de viejo son infinitas, cada ejemplar parece haber sido cuidadosamente guardado, esperando un momento precioso para ser encontrado y desvelar sus secretos. El libro más antiguo de mi biblioteca tiene casi 120 años, lo vi abandonado en la mesa de una librería junto a otros tomos gruesos y antiguos pero no recuerdo por qué me llamó la atención.

Algunas personas creen que los libros nos encuentran a nosotros y creo que este fue mi caso porque es un ejemplar pequeño, angosto, sin ninguna letra o dibujo en la portada más que el color verde pino de sus tapas; sus esquinas están dobladas, como si hubiera caído varias veces desde algún librero. Hasta que lo pude tomar entre mis manos, en el lomo pude distinguir letras doradas con el título y el autor; olía a humedad y al abrirlo lo escuché crujir. La primera hoja estaba desprendida, rota por el margen derecho y llena de manchas pero gracias a que alguien decidió dejarla ahí, noté su antigüedad. En un principio, me gustó la composición del título, con letras verdes y la ilustración en tinta roja de una mujer hermosa con los ojos cerrados y el pecho descubierto. Debajo de ella, un par de líneas: "Librería de la Vda. de C. Bouret" y abajo dos direcciones, una en París y otra en México: "14, Cinco de Mayo, 14". No tenía el precio marcado con lápiz en la esquina superior derecha de las primeras páginas, como es la costumbre. El librero que me lo vendió me pidió cien pesos, que pagué sin pensarlo dos veces.

Más tarde me di cuenta de que se trataba de un libro cuya encuadernación original había sido reemplazada, pues solo las cuatro primeras páginas correspondían al título que aparecía en el lomo. El resto del libro había sido escrito por el mismo autor, pero bajo otro título, cuya portada era similar a la primera que vi: impresa con tinta negra, roja y verde, y con las dos direcciones de la librería donde supongo que se imprimió o vendió hace más de un siglo. Años después de la compra, descubrí que la Librería de la Viuda de Bouret había sido calificada por el escritor Carlos González Peña como la mejor de México, y que entre sus parroquianos se encontraban figuras como Ángel de Campo (Micrós), Luis González Obregón y Justo Sierra. No hay manera de saber si este libro fue leído por ellos o si al menos alguno posó sus ojos sobre sus viñetas y detalles, pero a partir de ese hallazgo, las librerías de viejo comenzaron a fascinarme profundamente. A veces me pregunto qué le ocurrirá a este libro y si sobrevivirá otros cien años. Es un ejemplar sin huellas claras de un dueño concreto, pero que, aunque no pertenece a una época que viví, me permitió hurgar en el pasado.

Vicente Quirarte dice que cuando alguien se enamora de los libros, los amará siempre. Lo terrible es que nuestra preciada colección permanecerá en este mundo cuando nosotros dejemos de existir, así que las librerías de viejo rescatan esa forma de memoria íntima que de otra manera podría terminar en la basura o en el olvido. Y quizá por eso, detrás de cada librería casi siempre se esconde una historia de amor, pues el negocio de los libros generalmente no nace del cálculo ni la conveniencia, sino de una pasión inagotable, de ese impulso irreprimible de rodearse de historias y compartirlas con otros. Entre los túneles de papel y tinta que se desbordan en los locales del negocio más romántico del planeta, habitan quienes hacen posible su existencia: los libreros.

El primero que conocí en la Ciudad de México fue Max Ramos, quien, desafiando los presagios funestos que persiguen a toda librería anticuaria, hoy mantiene una red de siete espacios peculiares, donde más de 200 mil libros siguen encontrando lectores entre las arterias de la ciudad. Cuando le pedí una entrevista tuve que llamarlo por teléfono, ese fue nuestro primer contacto. Recuerdo su voz pausada, que con la amabilidad de un amigo cercano aceptó mi propuesta de organizar el encuentro en una de sus librerías secretas: *Burroculto.* El nombre del lugar era un guiño a su condición escondida y un modo de reivindicar a un animal que comúnmente se asocia con la ignorancia.

Recuerdo ese espacio como una biblioteca con casa, como la que anhelaba Alfonso Reyes, donde todas las habitaciones estaban plagadas de ejemplares únicos: primeras ediciones, libros raros, portadas forradas en piel, piezas firmadas, grabados, el material más selecto. Además, había objetos exóticos como una cama cuya base estaba hecha de libros apilados, maniquíes, esculturas arcaicas, una mesa de ajedrez, espejos reflejando libros por doquier. En ese entorno, Max me explicó que los libros son inteligencias prestadas, que concibe a sus librerías como museos vivos porque en ellas habitan libros y antigüedades que vienen y van; que de pronto se refiere a ellas como "librerías de paso", porque esos libros han sido tocados por otras manos y son espacios que aparecen súbitamente en las calles, en cuyo interior se hallan oportunidades que, si dejas ir, pueden no volver a presentarse.

También aprendí que a Max Ramos lo persiguen los libros. Me contó que una madrugada salió de una cantina y en medio de la calle encontró un par de cajas abandonadas. Al abrirlas, se percató de que todas contenían libros y después de permanecer en el lugar por más de una hora, entendió que posiblemente aquellas cajas lo estaban esperando a la mitad de la noche. Desde que era muy joven se sentía atraído por las bibliotecas, pero no por lo que podía aprender sino porque él era muy tímido y esos sitios, casi siempre vacíos, representaban una compañía silenciosa que poco a poco le fue develando sus confidencias. Mientras estudiaba teatro, empezó a comprar ejemplares repetidos y un día se le ocurrió poner un letrero en su mochila que decía "Compro y vendo libros". A partir de entonces lo cautivó un oficio que solo se domina a través de la experiencia, pues en México, todavía no existe una carrera que enseñe formalmente la vocación del librero.

En diciembre de 1999, Ramos abrió su primera librería, a la que bautizó "El Hallazgo". El local, de cuarenta y cinco metros cuadrados, ha sobrevivido durante veinticinco años en la misma dirección: Avenida Mazatlán 30, Colonia Condesa.

A pesar de su talento para descubrir tesoros bibliográficos y crear refugios para los libros, Max Ramos rara vez se atribuye mérito alguno. No obstante, entre sus muchas aportaciones al mundo libresco, hay una que se ha vuelto legendaria entre bibliófilos y libreros: San Librorio, el santo patrono de los libros. Según cuenta Max, la figura libresca se le apareció en un sueño y desde entonces le atribuye la protección de sus librerías ante catástrofes como inundaciones y robos. Este sueño fue interpretado por una artista, quien talló una escultura de San Librorio con letras transformadas en cabellos y un cuerpo envuelto en un manto tipográfico, emergiendo de las páginas abiertas de un libro dorado. La obra puede admirarse en la librería Jorge Cuesta, un espacio inaugurado en 2012 que aún se encuentra en el número 12 de la calle Liverpool, en la Colonia Juárez.

Ese lugar es una verdadera cueva de maravillas literarias. Al entrar, sus paredes, sobrecargadas de libros, carteles y cuadros, dan la sensación de adentrarse en la guarida quimérica de algún sabio. Desde afuera parece pequeña, pero una vez dentro, el espacio se expande en un laberinto de estanterías con una capacidad para albergar más de sesenta mil libros. En el centro se levantan dos columnas decoradas por murales librescos del artista Jorge Domínguez; desde ahí se asoma la segunda planta de la librería: un tapanco donde se organizan actividades culturales como presentaciones de libros y talleres de arte o literatura. Al fondo de aquel mundo se esconde el escritorio de su fundador, a veces solo se alcanza a ver su cabeza, pues el resto de su cuerpo parece estar sepultado entre gruesas pilas de libros. El nombre de esta librería es un tributo a uno de los miembros más olvidados del grupo literario "Los Contemporáneos". Cuesta, con figuras como Salvador Novo, Xavier Villaurrutia y José Gorostiza, formó parte de una generación literaria que rompió esquemas y desafió las normas de su tiempo.

La nomenclatura de las librerías de paso que ha creado Max Ramos suelen contener explicaciones asombrosas. "Bajos pensamientos" es su espacio más reciente y se llama así porque se encuentra en el pasaje subterráneo del metro, en la estación Villa de Cortés. "Papelitas. El pensamiento en una nuez" evoca al lugar de su infancia, una extinta ranchería que se encontraba en Tehuacán Puebla; la segunda parte se refiere al diminuto tamaño del local, ubicado en Mérida 218.

La sirena del Quijote
en un rincón de la mancha... urbana.

Una travesía más del caballero
de la triste figura.

Una fuente para el ingenioso hidalgo.

La torre conversa con el árbol
bajo la mirada del tiempo.

Súbito encuentro gótico en la ciudad.

Esplendor bajo el cielo.

La música del tiempo detenido.

Asombro de piedra.

Desafíos de belleza en el tiempo.

Lo sagrado del presente y del pasado

La CDMX se une con el cielo.

Encuentro de siglos y esplendores.

Hermosas ventanas del Centro Histórico de la CDMX.

Un símbolo de grandeza histórica, la estatua ecuestre de Carlos IV.

Templo mayor, el corazón de CDMX.

Un grandioso vigilante de piedra.

La poeta María Enriqueta por el artista Santiago León Callejas.

Estudio del artista Santiago León Callejas.

Intimidad de un artista descubierto en CDMX.

Utensilios de trabajo para detener el tiempo.

Casa del ingeniero Agustín Aragón, en Santa María la Ribera.

Hallazgos en el Museo Aragón.

La belleza del tiempo detenido.

Canal Nacional, un refugio en la ciudad.

La piedra, el agua, la luz, la hierba.

Una barca para viajar al pasado.

Enigmas de la CDMX.

Flores del pasado y del futuro.

El lenguaje puro del agua.

Y de pronto, despierta
un remanso de la ciudad.

Un pomea de albor y cielo en Xochimilco.

Amanecer en Xochimilco.

Memoria, historia y billete. El Palacio de Minería.

En un papel cabe la historia.

Homenaje del Banco de México
a la imprescindible Sor Juana.

Papel moneda, belleza y memoria.

Belleza y añoranza.

La mujer mexicana en la historia de la patria.

El pasado, la historia, la eternidad.

Fonoteca Nacional en Coyoacán.

El inefable encanto de una librería antigua.

Bello recinto para los libros
en El Colegio Nacional.

Librería La niña oscura.

Libros en espera de
ojos y fantasmas.

Lúdicos satélites para colmar el universo.

En espera del viaje, del anhelo, de la pasión.

Pasión compartida: el amor
a los libros desde la infancia.

En cada rincón una historia,
en cada rincón un misterio,
la ilusión y el ensueño.

En ese pequeño rincón de la colonia Roma, he encontrado libros hermosos, como un ejemplar de Don Quijote de la Mancha ilustrado por Gustave Doré. "La Mula sabia" surgió como la compañera del *Burroculto,* que también se maneja por citas y está instalada en un departamento colmado de libros.

Las librerías de Max Ramos, con sus nombres tan particulares, siempre han sido espacios que destilan magia y misterio. Cada una de ellas, con su sello único, puede ser una cita para encontrar lo extraordinario. La primera vez que lo entrevisté, particularmente llamó mi atención la mención de su bodega, que más tarde se había convertido en librería. Antes de hablar con él, ya me había llegado el rumor que me impulsó a atravesar la ciudad: una de sus librerías era mítica y descomunal, un recinto que solo abría los sábados y que "tenía que conocer".

Recuerdo que una mañana sabatina, en junio de 2019, me dirigí a la Niña Oscura, que entonces era todavía uno de los destinos ocultos de Santa María la Ribera. El camino me pareció larguísimo y cuando llegué me intrigaron su casonas antiguas, la familiaridad entre los vecinos, los nombres literarios de sus calles. También me impactó el Kiosco Morisco y la fachada del Museo de Geología, pero no los pude ver con calma porque mi objetivo era encontrar la librería. Para ello, toqué el primer timbre del número 142 en la calle Salvador Díaz Mirón, se trataba de un portón negro sin ninguna peculiaridad salvo un pequeño letrero que indicaba el nombre del espacio. Tras esperar unos segundos, la puerta se abrió y al igual que la mayoría de las personas que ahora llevo, entré con pasos temerosos y llenos de duda.

Después de atravesar un largo pasillo de penumbra y silencio, llegué al patio de una vieja casona que me dio la sensación de que el tiempo se había detenido. En la mitad de la planta baja que se ubicaba en el costado derecho había torres de libros que iniciaban en el piso y terminaban muy cerca del techo. Algunos muros estaban cubiertos por pinturas y libreros de madera añeja. No recuerdo cuánto tiempo pasé allí ni cuál fue el primer libro que compré, pero sí tengo claro que fue en ese lugar excepcional donde encontré uno de los ejemplares más atesorados de mi biblioteca: una hermosa revista llamada "La Galera".

Ese primer título que llegó hasta mis manos era el número 30 y había sido publicado en la primavera del 2002. Su portada naranja contenía un marco de viñetas en tinta negra de alegres calacas, pues celebraba los ciento cincuenta años del nacimiento del grabador José Guadalupe Posada. En letras grandes y amarillas leí el título de la publicación: *Galera. Revista de bibliofilia y arte mexicano.* Entre esas páginas de color hueso hallé gratas sorpresas, como una entrevista con Enrique Fuentes Castilla (propietario de la Librería Madero), un artículo sobre el artista Joel Rendón y una hoja amarilla, a la cual se había pegado uno de sus grabados sobre papel maché —que por cierto, fue realizado bajo la presión de un tortillero—. Pero mi parte favorita fue el suplemento escondido entre las hojas: un folleto tamaño media carta que contenía ex libris realizados por Posada y Rendón. En ese momento todavía no llegaba al fascinante mundo de las estampas que dotan de propiedad a los preciados libros de los bibliófilos, pero cuando vi ese fantástico diseño y el cariño detrás de cada detalle busqué quién lo había realizado.

Fue así que conocí a una de las mujeres que más estimo y admiro: Selva Hernández, librera, diseñadora y bibliófila. Con el fin de saber más sobre su trabajo fui a entrevistarla a su librería, que entonces se llamaba “La oficina del libro”. Recuerdo que entré por un patio transformado en librería anticuaria, era un espacio lindo y acogedor. En la entrada había un pequeño jardín con plantas y una banca de madera sostenida por dos pilares de libros gruesos. En medio del pasillo había unos estantes de madera que exhibían ejemplares con portadas elegantes, mapas y objetos antiguos, mientras que algunos anaqueles estaban acomodados por los colores de sus lomos: rojos, azules, cafés, todo combinaba perfectamente y parecía haber sido cuidadosamente acomodado con intenciones estéticas.

Desde la puerta principal de la casa, percibí que Selva estaba escuchando música clásica, mientras diseñaba unos cuadros con base en lomos desgastados que ya no se podían reutilizar más que en su arte. Entre las muchas cosas que me contó sobre el mundo libresco de la Ciudad de México, me dijo que consideraba su oficio como “el mejor trabajo del mundo”, que las librerías eran oasis en medio de la ciudad y puntos de encuentros para la serendipia. Desde entonces somos buenas amigas y después de narrarme la historia sobre “La Galera” quedé aún más fascinada por su talento y la mítica revista que diseñó en su época universitaria.

La primera *Galera* inició su viaje en 1996 y fue creada por Selva Hernández, José Luis Lugo y Mercurio López Casillas. Esa revista navegó durante siete años entre un mar de librerías anticuarias que desafortunadamente se ha ido secando con el paso inevitable del tiempo. Sin embargo, para nuestra fortuna, el papel y la tinta logran conservar aquellos mundos casi perdidos, así que me atrevo a afirmar que *La Galera* no solo es un recurso bello, sino valioso, porque nos permite viajar y descubrir una parte del panorama bibliófilo a finales del siglo XX. Por otro lado, considero que es un ejemplo de éxito e inspiración para editoras y editores independientes, ya que los primeros números se crearon a partir de los recursos propios del equipo involucrado, se imprimieron en rincones desconocidos del Centro Histórico (como la Plaza de Santo Domingo), incluso cada ejemplar se doblaba y engrapaba desde la mesa del comedor de uno de los integrantes.

Para Selva, este proyecto editorial fue su mejor escuela de diseño y edición, así como un parteaguas en su carrera profesional. Inicialmente *La Galera* iba a ser un boletín publicitario para las librerías de viejo, pero su tío y también librero, Mercurio, sugirió crear una publicación más extensa. Fundar un proyecto editorial independiente usualmente implica involucrarse en todas las áreas necesarias para darle vida: desde planificar el contenido y experimentar con el diseño hasta romperse la cabeza con las finanzas. El primer número de *La Galera*, prácticamente inconseguible en la actualidad, fue una mezcla de temas bibliófilos, pues se hizo una selección de textos sobre el amor al libro, las librerías y la cultura impresa. En otras ediciones se rescataron textos en torno a la bibliofilia de las plumas de Salvador Novo, Elena Poniatowska, Rosario Castellanos o Francisco Díaz de León.

A partir del número dos, el contenido se nutrió al agregar artículos sobre artistas mexicanos que tuvieron conexiones importantes con la industria editorial. Principalmente se investigaron grandes talentos que realizaron portadas o ilustraciones para libros que ahora son muy preciados o difíciles de conseguir. Entre las páginas de *La Galera* se encuentra la historia de artistas como Aurora Reyes, Angelina Beloff, Gabriel Fernández Ledesma, Saturnino Herrán, Leopoldo Méndez y Julio Ruelas. Pero eso no fue todo.

Desde que Hernández era una niña estuvo inmersa en el pequeño universo de las librerías anticuarias, que a veces significa rodearse de una comunidad literaria privilegiada. Su abuelo Ubaldo, un librero tradicional de la ciudad, tenía como clientes a auténticos bibliófilos, entre los que estaban Carlos Monsiváis, Alí Chumacero y Guillermo Tovar de Teresa. Todos ellos estuvieron dispuestos a participar con entrevistas inéditas para *La Galera*. Al respecto, Selva considera que la edición independiente sirve como plataforma; su proyecto no solo la llevó a conocer las bibliotecas de esos personajes, sino a coincidir con profesionales que se fueron sumando a la revista, la apoyaron y asesoraron en diversos aspectos como el diseño, un elemento significativo desde el primer número.

A pesar de que ella y su socio iniciaban su profesión como diseñadores editoriales, crearon una esencia que se mantuvo hasta el último ejemplar publicado. La evolución gráfica y editorial fue floreciendo, pues los últimos cuatro números se realizaron en tamaño carta, con portadas a dos tintas, grabados, hojas de colores y otros detalles que consolidaron a esta revista como una publicación de colección. Para acompañar el contenido, en cada número se colocaron viñetas e ilustraciones que los diseñadores obtuvieron de libros antiguos y reutilizaron para embellecer *La Galera*. Por ejemplo, hay reproducciones de caricaturas de Miguel Covarrubias o miniaturas de códices prehispánicos. Este detalle significó un gran trabajo de producción, investigación y rescate de la gráfica popular mexicana.

En el número nueve (enero de 1997) apareció el primer suplemento de *ex libris*, dedicado a Diego Rivera. Los ex libris son marcas de propiedad en forma de sellos o estampas que las y los bibliófilos utilizan para embellecer e identificar los ejemplares de sus bibliotecas personales. Cada estampa incluye la palabra "ex libris" —que significa "entre los libros de"—, el nombre del propietario y una ilustración; todos estos elementos se imprimen con alguna técnica de grabado tradicional como el linóleo y después se reproducen para pegarlas en las primeras páginas de un libro.

Los suplementos de ex libris mexicanos añadieron valor y un breve pero valioso folleto cuyo fin era rastrear la historia y diseño de piezas emblemáticas creadas por Gabriel Fernández Ledesma, José Juan Tablada, Francisco Díaz de León, Nunik Sauret, Jorge Enciso, entre otros. Dichos suplementos fueron el primer paso para que Selva y Mercurio fundaran la Asociación Mexicana de Ex Libris; además en el año 2000 publicaron, bajo el sello editorial RM, el fantástico libro *Ex libris Mexicanos. Artistas del siglo XX*, hoy descatalogado y muy difícil de adquirir. Por si fuera poco, este tema tan fascinante del mundo bibliófilo llevó a Selva a realizar diversos viajes con asociaciones internacionales con el fin de intercambiar *ex libris*, darlos a conocer y explorar bibliotecas antiguas que poseen diseños extraordinarios.

Lo anterior demuestra que la edición independiente abre puertas a nuevos proyectos y trabajos. Ambos socios recibieron sus primeros encargos de diseño gracias a *La Galera*, que no solo se convirtió en su portafolio sino en un canal publicitario para ofertar sus servicios, los cuales se enumeraban en un breve anuncio colocado en las guardas de la revista. En ese mismo espacio se añadieron otros promocionales, incluso directorios de librerías anticuarias, convirtiendo a la *La Galera* en una fuente para rastrear nombres y direcciones de aquellos espacios que ya no existen. Precisamente el investigador Edgar A. G. Encina utilizó varios números de la publicación para indagar acerca de la vida de las librerías en México a finales del siglo XX. El resultado de su investigación fue el libro *Librerías de viejo en México. Notas y guiños desde La Galera* (2020).

En los siete años de vida de la revista se imprimieron 32 números maravillosos que contienen una parte importante y a veces desconocida de la vida artística y literaria en nuestra ciudad. El número 33 se maquetó y estaba dedicado a Carlos Mérida pero no se imprimió. Quizás algunos se pregunten cómo se logró mantener vivo dicho proyecto; Selva Hernández suele mencionar que sus emprendimientos han surgido de un amor profundo al libro, pero eso también implica tener voluntad, resistencia y un gran deseo por afrontar los retos de una industria muy compleja.

Para mí, el hallazgo de *La Galera* no solo ha significado el encuentro inesperado con un tesoro de palabras e imágenes, sino con personas inspiradoras y apasionadas como Selva Hernández, quien después de casi treinta años aún demuestra una devoción profunda por el mundo del libro y su valor en nuestra historia.

Esa revista es un gran ejemplo de los caminos infinitos que trazan las librerías de viejo, pues además de ser espacios de encuentro y fomentar la vida cultural de un barrio, inspiran proyectos a raíz de lo que uno puede aprender entre las páginas de los libros olvidados.

Tal es el caso de Mercurio López Casillas, quien además de editar *La Galera*, publicar libros sobre ex libris o libreros, y tener una larga tradición en el mundo de las librerías de viejo, se convirtió en un coleccionista y divulgador de la gráfica popular mexicana. Su trabajo ha logrado rescatar a personajes poco conocidos como Anita Brenner, quien en el siglo XX publicó una de las revistas de turismo cultural más importantes de su tiempo: *Mexico this month.* En su trayectoria como librero anticuario, López Casillas ha logrado mantener con vida distintos espacios como "Tres Cruces" en Coyoacán, cuya fachada ostenta el mural de una gran catrina y un letrero que dice "Salón Posada". Además de ser una de las librerías más grandes de la ciudad, actualmente alberga un curioso museo dedicado a Guadalupe Posada, en el que se exhiben grabados, objetos, fotografías, libros e incluso juegos de mesa diseñados por el artista.

Los libreros, como los libros, abren portales: no solo te llevan a títulos, sino a otros libreros, otras librerías, otros mundos. La geografía de las librerías de viejo en la Ciudad de México es una red que palpita en medio del caos, pero una vez que se llega a una de ellas, es cuestión de tiempo para ir descubriendo ese mundo que permite que los siglos y las ideas convivan entre estanterías atiborradas de ejemplares únicos.

Aunque hay pocas publicaciones que documenten la historia de las librerías, todos presentan aportaciones valiosas. Por ejemplo, en *Libreros*, la entrañable publicación que narra la historia familiar de Selva y Mercurio, se incluyeron mapas que muestran cómo se ha ido desvaneciendo ese paisaje: Donceles, antaño tapizada de locales repletos de libros, hoy conserva una mínima parte de lo que fue. Sin embargo, su aura persiste en la memoria impresa. La mítica calle aparece como un escenario cargado de encanto, pues en *Ciudad Fantasma* de Bernardo Esquinca y Vicente Quirarte, los libros sirven de brújula para atravesar el tiempo.

Muchas de las librerías de viejo obtienen su acervo de bibliotecas personales que fueron desmanteladas tras la muerte de sus dueños. Tal vez no nos alcance la vida para leer todos esos libros, pero son una razón poderosa para disfrutarla. Como decía Ruiz Zafón en *La sombra del viento*, cada libro guarda el alma de quien lo escribió y de quienes lo leyeron. Cada volumen olvidado representa un esfuerzo colectivo casi invisible de autores, editores, impresores, traductores, diseñadores... Y aunque muchos de esos libros acaban en el olvido, en las librerías anticuarias de pronto se descubren joyas: memorias de autores locales, crónicas de barrios, ensayos marginales que revelan la ciudad desde otros ángulos.

Ese es también el valor de lugares como *Librero en Andanzas*, uno de mis proyectos favoritos. Ahí siempre he encontrado lo más inesperado, lo que parecía imposible de hallar. Con precios muy accesibles y una oferta gigante, Sergio y Josué —dos libreros con más de una década de experiencia— han logrado que los libros encuentren nuevos lectores, incluso documentan el oficio, pues crearon un podcast donde entrevistan a sus colegas y Sergio escribe un blog que es casi un diario íntimo del mundo librero: ahí narra lo que ocurre cuando compra bibliotecas, los libros raros que encuentra, las historias entrañables de clientes que dejaron huella. Además, desde su gran bodega en el Estado de México, abastecen a muchos otros libreros independientes.

Abrir y mantener un local físico es un reto que no todos pueden permitirse, pero desde hace varios años ha surgido una nueva generación de libreros que, sin un local fijo, han reinventado el oficio en el espacio público y digital. El confinamiento derivado por la pandemia ocasionó el cierre de varias librerías en la ciudad, pero también dejó una pequeña luz en el gremio librero: el auge de las librerías virtuales. Detrás de estas cuentas hay jóvenes que han abrazado uno de los oficios más antiguos de la ciudad y han creado comunidades que más que competir, colaboran. Entre los espacios autogestivos que destacan en el mundo libresco está el Bazar de Libros de San Fernando. Desde el 2022, todos los sábados se instala una constelación de libreros bajo los arcos del antiguo panteón.

El Museo-Panteón de San Fernando es uno de los cementerios más antiguos y con más historia de la ciudad. El camposanto data de 1832 como un anexo al templo y convento, que hoy alberga las tumbas de personajes clave del México independiente y del siglo XIX, como Benito Juárez y Francisco Zarco, quien además de su faceta política, retrató a la capital mexicana en crónicas y ensayos como "Los transeúntes" y "México de noche". En 1935, este recinto fue declarado Monumento Histórico por el Instituto Nacional de Antropología e Historia (INAH) y en 2006 abrió sus puertas como museo de sitio. Este solemne escenario se transforma cada sábado para convertirse en el Bazar de Libros de San Fernando, una librería al aire libre que promete ofrecer los mejores precios y una variada oferta de actividades culturales como subastas de libros, presentaciones, charlas y conciertos.

Desde los rincones más escondidos hasta las librerías más conocidas, cada una tiene su propia magia y su propio carácter, ofreciendo una variedad que va desde los libros más raros hasta los más populares, pero igualmente valiosos. Al recorrerlas, no solo encontramos libros, también una atmósfera única que nos conecta con otras épocas, con las huellas de aquellos que caminaron por las mismas calles que nosotros, pero que vivieron en tiempos distintos. Entrar en una librería de viejo significa adentrarse en un viaje que va más allá de las páginas. Personalmente, este tipo de lugares nunca han dejado de sorprenderme y conducirme a lugares o libros fascinantes que contienen ciudades y tiempos que solo puedo conocer a través de la palabra escrita. Los libros son portales que resguardan historias de siglos pasados y que nos invitan a vivir por un instante en su misterio.

CAPÍTULO 8

Sinfonías del ayer

Av. Francisco Sosa 383,
Santa Catarina, Coyoacán

Habitar y recorrer la ciudad implica escuchar un incesante concierto sin director. La alarma matutina puede ser la voz del fierro viejo que desconcierta a los viajeros, la campana presurosa del camión de la basura, la peculiar cumbia que anuncia el gas o los vendedores de artículos para limpieza del hogar. La vida en la capital parece no hacer pausas, incluso antes del amanecer ya se perciben los cláxones impacientes que componen un recital masivo de desesperación.

Entre los sonidos más emblemáticos está el silbido agudo del carrito de los camotes, las canciones de los organilleros, el anuncio de los tamales oaxaqueños y de vez en cuando, la melodía de una marimba solitaria. En un mundo donde la imagen domina, aún sobreviven ecos sonoros que se repiten entre los siglos: la cadencia irregular de la lluvia sobre los techos, el canto de algunas aves, el murmullo del viento que se agita entre las copas de los árboles. Más allá de sus calles y monumentos, la ciudad también está hecha de sonidos que nos dotan de identidad, que despiertan sentimientos y que generan memorias compartidas.

Entre las hermosas calles empedradas de Coyoacán, una casona anaranjada del siglo XVIII resguarda siglos de historia y sonido. Las letras grabadas sobre el portón principal revelan su nombre: *Casa Alvarado*, actual sede de la Fonoteca Nacional, institución dedicada a preservar y difundir el patrimonio sonoro mexicano. Entre sus muros resonaron las últimas palabras de Octavio Paz, su último morador, pero casi cien años antes, también acogieron las tertulias de la arqueóloga y antropóloga Zelia Nuttall.

Fue ella quien perpetuó la leyenda de que el conquistador Pedro de Alvarado había vivido allí, un relato que aún perdura en el nombre de la casona. Aunque ninguna placa recuerda su presencia ni el profundo amor que sintió por su hogar, la huella de Nutall permanece en el jardín, donde cultivó plantas medicinales mexicanas. Se trata de un rincón sereno donde hoy se proyectan diversos sonidos para el deleite de quienes aún tienen un momento para detenerse a escuchar.

El edificio de estilo andaluz y morisco se declaró monumento histórico en 1932. Antes de abrir sus puertas como la Fonoteca Nacional, fue sede de diversas instituciones como la biblioteca de la Secretaría de Hacienda y Crédito Público o la biblioteca de la Secretaría de Educación Pública. Hoy también sigue siendo el hogar de algunos libros, pues en su interior se ubica la biblioteca Salvador Novo, cuyo acervo está especializado en publicaciones sobre música y cultura sonora. El nombre otorgado al espacio hace referencia a otro vecino ilustre de Coyoacán, quien vivió a unos pasos de la actual Fonoteca, aunque su casa fue demolida y solo queda la barda con una placa conmemorativa y el nombre de la calle que recuerda a uno de los cronistas más destacados de la Ciudad de México.

Entre los proyectos digitales generados por la Fonoteca Nacional se encuentra un mapa sonoro, que muestra más de mil quinientas grabaciones realizadas en todo el país. La Ciudad de México cuenta con más de 800 audios provenientes de todas sus colonias y que aumentan cada día.

En la Alameda Central se puede reproducir la música de un organillero sin rostro, quien en 2012, se acercaba a los transeúntes para pedir limosna y evitar que se perdiera la tradición. Hacia el Zócalo se registraron las voces de vendedores ambulantes, los tambores de los danzantes, una caminata por la calle Madero y músicos callejeros. En la colonia Nápoles, es posible viajar en el tiempo hasta el año 2015 para reconocer la triste melodía de un trompetista que interpreta "Amor eterno". En Iztapalapa, en cambio, se han registrado pocos sonidos, entre ellos la peculiar voz de don Gabriel, un vendedor de elotes que en ese instante congelado del 2023, canta y compone rimas como estrategia para atraer clientes.

Del otro lado de la urbe, también suenan los pregones ofreciendo comida y bebida en el Bosque de Chapultepec; el único audio que aparece en la colonia Escandón también es gastronómico, pues un vendedor de pan anuncia sus productos con la tradicional corneta que se reconoce en otras calles mientras grita "el paaaan". En diferentes puntos de la ciudad también quedaron registrados algunos sonidos del año 2020. Las notas escritas que acompañan los audios incluyen observaciones de sus creadores, donde se menciona que ya se dejaba de usar el cubrebocas o que la ciudad se encontraba en el semáforo naranja. Abundan también los ruidos del Metro, que incluyen a músicos callejeros, la vendimia entre vagones o la voz femenina que anuncia las paradas. Regresando a los alrededores de la Fonoteca Nacional, se alcanzan a escuchar fragmentos de la explicación de un guía turístico sobre la historia de la casona, aunque su voz es constantemente opacada por un pregón que casi todos conocemos y podemos recitar de memoria: "Se compran: colchones, tambores, refrigeradores..."

La identidad detrás de la misteriosa voz permaneció oculta durante años, hasta que en el 2013, Cristina Pacheco contó la historia de María del Mar Terrón en *Aquí nos tocó vivir*. Por primera vez, la periodista y cronista de la ciudad reveló que aquel famoso anuncio nació como una solución para evitar el desgaste en la garganta de los compradores de fierro viejo. Marimar, como la llama cariñosamente su padre, tenía apenas diez años cuando se grabó el mensaje y jamás imaginó que su voz terminaría resonando en cada rincón de la ciudad.

Han pasado doce años desde aquella revelación, un icónico sonido que ahora es parte del paisaje auditivo de nuestras calles. Este, solo es un ejemplo del mapa sonoro de México, que permite a los habitantes y visitantes explorar la vibrante diversidad de sonidos en distintos Estados. Los barrios de la capital mexicana se transforman constantemente, pero gracias a estos sonidos, podemos reconocer cómo los mismos ecos se manifiestan en las calles más distantes, preservando la esencia de momentos efímeros que, aunque cambian, nunca desaparecen por completo.

Otro de los proyectos generados por la Fonoteca Nacional es una selección de "Sonidos en peligro de extinción", divididos en tres categorías: lenguas indígenas, animales y oficios. La última recupera las voces de ocupaciones que solían ser muy populares en las calles de la ciudad. Ahí puede apreciarse la voz del merenguero, el silbido del afilador, el tecleo de la máquina de escribir que reinaba en los arcos de la Plaza Santo Domingo y la melodía del pajarero, un curioso puesto en el que un canario entrenado tomaba un papel con su pico que predecía el futuro de los transeúntes.

Además de estos sonidos tradicionales, en la Fonoteca también se ha resguardado la memoria musical de la Ciudad de México.

Sus archivos preservan el ecosistema sonoro de personajes célebres como las memorables composiciones de Agustín Lara, poemas de Efraín Huerta o entrevistas con Ernesto de la Peña, uno de los personajes más apasionados por el conocimiento, los libros, la ópera y los idiomas. Con Eduardo Lizalde, el sabio mexicano realizó una serie televisiva llamada *Operomanía*, con el fin de divulgar la historia, compositores e intérpretes alrededor de un género musical narrativo que ofrece un espectáculo que mezcla el teatro, la música y la danza.

Este esfuerzo por preservar los sonidos de la ciudad no solo rescata ecos de oficios en extinción o de grandes figuras de la cultura, también nos recuerda cómo la música ha sido una forma de contar la historia de la capital. Entre los compositores que han retratado su esencia con maestría destaca Chava Flores, quien con humor y astucia convirtió a la Ciudad de México en la protagonista de sus canciones. Sus letras capturan la vida cotidiana de barrios populares, el ir y venir del transporte público y el singular ritmo de una metrópoli que nunca duerme.

Salvador Flores Rivera, mejor conocido como Chava Flores, nació el 14 de enero de 1920, en la calle Soledad del barrio de la Merced. Pasó su infancia habitando múltiples colonias de la urbe: Tacubaya, Escandón, Peralvillo, Roma, Romita, Doctores, San Rafael o Santa María la Ribera. Desde muy joven comenzó a trabajar para ayudar a su familia y antes de dedicarse a la música, tuvo diversas ocupaciones como contador, ferretero o repartidor, incluso abrió una salchichonería. Su inmersión en el mundo musical comenzó gracias a otro de sus emprendimientos: una imprenta donde editó la revista *Álbum de oro de la canción*, que hoy en algunos sitios digitales se subasta a partir de los seis mil pesos mexicanos. Al editar aquella publicación pudo conocer a los músicos más destacados de la época, como José Alfredo Jiménez y Agustín Lara. Su acercamiento con aquellas voces le inspiró a crear sus propias composiciones y en 1952 debutó con los temas "Dos horas de balazos" y "La Tertulia". A partir de ese momento su ingenioso estilo comenzó a ganar popularidad y realizó más de doscientas canciones, en las que se pueden reconocer lugares y personajes capitalinos, por ello su público lo bautizó como "El cronista musical de la ciudad".

Precisamente, la Fonoteca Nacional diseñó una exposición virtual que incluye un mapa para explorar el marco urbano que Chava Flores cantó durante más de treinta años y que capturaba la esencia compartida en espacios que difícilmente han sobrevivido a las transformaciones de la metrópoli.

Entre esos sitios icónicos que evocan las divertidas letras de su música, están las pulquerías, uno de los negocios más tradicionales de la ciudad. En una de sus introducciones a su alegre canción "Los pulques de Apan", Chava Flores recuerda que antes había más pulquerías que escuelas. La bebida de los dioses tuvo su época de máximo esplendor a principios del siglo XX, pues se tiene registrado que tan solo en la Ciudad de México había 1300 pulquerías, de las cuales hoy no sobrevive ni el 5%.

En un artículo publicado por el periodico *Excélsior*, César Ponce, presidente de la Asociación Nacional de Pulquerías Tradicionales, indicó que en toda la capital mexicana solo quedan treinta y cinco locales. Este jicarero es propietario de la casi centenaria Pulquería La Victoria y tuve la fortuna de entrevistarlo gracias a un querido amigo que extraño mucho: Edgar Anaya, quien fue un excelente periodista cultural y sobre todo, se ganó el corazón de cientos de viajeros a quienes mostró el "lado B" de la capital mexicana.

Cuando conocí a Edgar Anaya para platicar sobre su maravilloso libro "Ciudad de México. Ciudad desconocida", fue él quien propuso ir a una pulquería y pienso que no pudo haber elegido un sitio mejor. Caminamos a La Victoria desde su casa y ahí encontré la pintoresca variedad de sabores que enlista Chava Flores en su canción: "ricos curados de tuna y melón, avena, piña de fresa y limón". Mientras tomaba un pulque, ese hombre enamorado de la ciudad me contó que había encontrado su misión en la vida: enlazar personas con lugares.

También me habló de Mexicorrerías, su agencia de viajes artesanales y que él pensaba en la ciudad como un alebrije, un ser vivo con muchas caras, colores y rostros infinitos por explorar. A raíz de esa charla me di cuenta de que Edgar Anaya y yo compartíamos una obsesión por hacerle ver a los habitantes de la Ciudad de México la maravillosa ciudad en la que nos tocó vivir y que se suele olvidar por lo cotidianas que se vuelven nuestras calles. Ese día le tomé una fotografía frente a la cortina-mural de La Victoria, posando con el fantástico libro que nos dejó como legado. Me gusta mucho esa imagen, en la que se ve feliz y porta orgullosamente una camisa negra en la que destaca en color rosa el logotipo de Mexicorrerías.

Edgar Anaya falleció en el 2022 pero siempre que lo recuerdo, con un inmenso cariño, pienso en ese día y en todas las reflexiones que me dejaron las charlas que compartimos. Además de hablarme cada fin de año para ponernos al día aunque fuera por una llamada telefónica, solía recomendarme lugares fascinantes. Uno de ellos fue el Museo del Pulque y las Pulquerías, que su amigo César Ponce había fundado en 2019, en la Avenida Hidalgo. Además de conservar una bebida sagrada y ancestral, Ponce se ha encargado de defender y divulgar las bondades del pulque. En el museo se exhiben fotografías antiguas que muestran viejas fotografías de diversos locales, así como los objetos involucrados en su preparación y consumo.

Uno de los elementos que más disfruto al conocer el pasado de las pulquerías son los creativos nombres con los que se han bautizado a estos locales: El Templo del Amor, Los Hombres sin Miedo, La Risa, La Malquerida, Lucero de mis Noches, El Amor en Peligro, El Sueño de Xóchitl. A pesar de que muchas pulquerías han cerrado su cortina para siempre, siguen apareciendo proyectos que difunden y acercan personas a esos espacios descritos en la crónica musical de Chava Flores.

Por ejemplo, con casi un millón de seguidores en Facebook, Pulquipedia organiza recorridos en torno a la bebida de los dioses y difunde el patrimonio cultural detrás de una tradición que ha sido injustamente juzgada. Además de recorrer las pocas pulquerías que quedan en la urbe, organizan talleres gastronómicos para preparar platillos poco comunes como pan de muerto con pulque. Aunque la mayoría de las pulquerías han desaparecido, las que aún resisten en distintos barrios de la ciudad son pequeños refugios de memoria líquida, donde vale la pena sentarse —al menos una vez— a brindar con curado en mano por las cosas idas y las que aún quedan por recorrer.

En el universo sonoro de Chava Flores, las pulquerías, las fritangueras, los albañiles y las cantinas no son solo estampas costumbristas, sino el alma misma de la vida chilanga. Su célebre tema "Sábado Distrito Federal" funciona como una postal musical que resume, con ironía y encanto, la experiencia de habitar una urbe que abruma, asombra y enamora al mismo tiempo. Cada verso en ese tema es un recuerdo ruidoso y vivo de una sociedad que hierve entre la necesidad y la fiesta, entre la carencia y la creatividad desbordada. En esa crónica cantada, lo mismo aparecen los que se quedan a beber en las pulquerías, que los que huyen a Cuernavaca, los que van al billar y los que terminan en los "caldos de madrugada". En ese himno no oficial conviven todos los personajes de la ciudad: el que madruga, el que se endeuda, el que baila, el que canta, el que sobrevive. Por eso la canción no solo retrata un sábado cualquiera: retrata *el* sábado que ocurre en esta ciudad. Además, nos recuerda uno de sus antiguos nombres: "Distrito Federal".

Durante décadas, nuestro alebrije urbano fue conocido con un nombre que no era exactamente poético, pero sí uno que definía con claridad su función dentro del país: ser la sede de los poderes federales, el epicentro político, el nodo que concentraba todas las decisiones. Llamarse Distrito Federal era, en cierto modo, ser territorio de nadie y de todos, sin identidad propia más allá de su función administrativa.

Sin embargo, en 2016, tras una larga discusión legal, política y simbólica, el Distrito Federal dejó de existir. La capital se convirtió oficialmente en la Ciudad de México. El cambio no fue solo de nombre: implicó una transformación institucional que le dio mayor autonomía y un nuevo sentido de pertenencia. Pero también fue un giro afectivo. Para muchas personas, "Distrito Federal" era algo más que una categoría administrativa: era una manera de nombrar con cariño y con burla, con resignación y con orgullo, esa ciudad contradictoria y fascinante que no encajaba del todo en ninguna etiqueta.

La intención detrás del nuevo-nombre-viejo —Ciudad de México— era que sonara más amplio, más incluyente, más moderno y que permitiera reconectar con una historia mucho más antigua. Porque antes de ser capital virreinal, antes de ser centro político, esta ciudad fue una isla. Una ciudad lacustre levantada sobre el agua y sobre un símbolo: el águila devorando a la serpiente. Su nombre original, México-Tenochtitlán, encierra múltiples significados. Según varias interpretaciones, *Tenochtitlán* podría traducirse como *"el lugar entre tunas sobre piedra"* o bien *"el lugar de Tenoch"*, en honor al líder mexica que guió a su pueblo a fundar la ciudad. Era una urbe que crecía sobre el lago, con chinampas, canales, templos, mercados y barrios organizados. Una ciudad donde el sonido del agua era constante y el eco de los rituales se mezclaba con las voces del tianguis.

Con la llegada de los españoles, México-Tenochtitlán fue arrasada y reconstruida como la Nueva España. Durante el virreinato, la urbe cambió radicalmente, pero nunca perdió del todo su raíz indígena. Muchos de sus barrios actuales conservan nombres en náhuatl, y en el subsuelo aún laten las piedras de los templos antiguos. Incluso hoy, cada vez que se realiza una obra o se excava un túnel, es probable que la ciudad se revele a sí misma con sus cimientos prehispánicos. Hay algo subterráneo, literal y simbólicamente, que conecta a la Ciudad de México actual con esa Tenochtitlán del origen.

Así, el paso de *Distrito Federal* a *Ciudad de México* es también una forma de reconciliación con el pasado. Ya no somos solo la sede del poder. Somos una ciudad con memoria. Con capas, con contradicciones y con una voz propia que ha sabido cantarse desde los códices hasta las canciones de Chava Flores.

En las letras que escribió el cronista musical de la ciudad, también está presente el lenguaje particular de la capital mexicana. De forma audaz y divertida, Chava Flores capturó la vida cotidiana que transcurre en espacios comunes como el transporte público.

Al escuchar su tema "Voy en el Metro" es imposible no reír ante las situaciones y el ambiente que se vivía hace medio siglo, pero que también se mezcla con datos históricos como el costo del Metro, que en ese entonces era de un peso; también habla sobre las instrucciones que deben seguir los usuarios: "al mirar llegar los trenes no se aviente para entrar, si en diecisiete segundos no ha podido ni se meta, ni se baje la banqueta, que se puede rostizar". En el coro se refiere al metro como "rapidote", "limpiote", cualidades que definitivamente no perduraron hasta nuestros días.

María Eugenia Flores Durand, una de las hijas de Chava Flores, narra en una entrevista que el gran amor de su padre había sido la Ciudad de México. Además de crear letras y ritmos entrañables, en su música satírica también hay crítica social y una variedad de temas con los que pueden identificarse la mayoría de los capitalinos. En algunas de sus presentaciones, el compositor introducía ciertos números mencionando que invitaba al público a "dar una vuelta" por la ciudad, que en ese entonces ya era imposible de conocer completamente debido a su acelerado crecimiento y a sus transformaciones permanentes.

Un tema particularmente hermoso y que provoca mucha nostalgia urbana es "Mi México de ayer". Quizás le tengo un cariño especial porque resuena con esa ciudad que recuerdan mis abuelos y porque tiene aquel estilo pesaroso en el que cada instrumento parece lamentarse de algo perdido, una melancolía que se funde con el paso del tiempo y nos habla de una ciudad que se esfuma en cada siglo. Hay algo profundamente conmovedor en la letra y en la melodía de esa canción que ha tocado el alma de millones de mexicanos y extranjeros: una ternura rota que se cuela en los oídos y se queda en el corazón.

Esta pieza parece resonar con la pérdida de la infancia compartida entre los seres humanos, pues en ella, Chava Flores recuerda personajes, sonidos, sabores y paisajes ausentes en el presente, pero que se quedaron en la memoria. Parte de la magia inmediata que tiene la música es traspasar las barreras del tiempo: sus cualidades sonoras nos remiten a un lugar que ya no existe, pero que se conserva intacto en la emoción.

Escuchar "Mi México de ayer" es como asomarse a un álbum sonoro de postales perdidas, donde cada estrofa revive una escena entrañable del pasado. Esa añoranza colectiva, tejida con palabras aparentemente sencillas, se transforma en un puente emocional entre generaciones.

Además de componer canciones que capturaron el alma de una época, la mirada curiosa de Chava Flores no solo quedó plasmada en la música, también en los libros. *Motivaciones para la locura* es una compilación de su poesía, donde se asoma un artista más íntimo y siempre atento a los detalles del mundo que lo rodeaba. En *Relatos de mi barrio* evoca sus mil domicilios y las experiencias cotidianas que más tarde resonarían en sus letras, como si cada cambio de dirección hubiera sido también un cambio de escenario para su teatro urbano.

Su talento narrativo también llegó al cine: tuvo una breve etapa como actor y sus canciones se incorporaron al imaginario cinematográfico nacional, apareciendo en películas como *¿A qué le tiras cuando sueñas mexicano?* y *La esquina de mi barrio*, mientras que otras eran interpretadas por íconos del séptimo arte como Tin Tan o Pedro Infante. Así, su voz —a veces literal, a veces prestada— se convirtió en parte del eco colectivo mexicano.

Chava Flores supo hacer de cada canción una ventana a la vida chilanga, poblada de escenas memorables, humorísticas y profundamente humanas. Escucharlo hoy es una forma de recorrer una ciudad paralela: la de los recuerdos, la de lo que fue y de lo que aún resuena en algunas esquinas. Sus letras nos enseñan que la ciudad no solo se habita: también se canta, se cuenta y se recuerda. En la Fonoteca Nacional es posible llegar a personajes como este cronista musical o rastrear una buena parte de la historia acústica de la ciudad, pero también se oculta en el silencio de las sombras que habitan nuestros parques o en el gesto detenido de figuras que pocas veces nos detenemos a observar. Una de ellas espera, inmóvil, en uno de los rincones más transitados del Centro Histórico.

Al caminar por la Alameda Central, los sonidos de la ciudad se entrelazan en un concierto espontáneo: el murmullo de la gente, el canto de los pájaros, el agua de las fuentes y el eco lejano del organillero. Sin embargo, en medio de los árboles y el alboroto cotidiano, se esconde una pieza que guarda su propia melodía silenciosa.

Muy cerca del Hemiciclo a Juárez, habita una mujer desnuda y encadenada, que a pesar de sus ataduras, levanta el rostro con anhelo. En los bordes de la verdosa escultura se alcanza a leer "Malgré tout", que significa "A pesar de todo". En 1898 se esculpió en mármol la escultura original, que se convirtió en la obra más mítica de Jesús Fructuoso Contreras. El artista fue comisionado por Porfirio Díaz para supervisar la selección y representación de México en la capital francesa, pues en 1900 se celebró la Exposición Universal de París y "Malgré tout" se convirtió en una de las obras más aclamadas de la feria.

Jesús Fructuoso nació en Aguascalientes un 20 de enero de 1866. A los 17 años, el gobierno le otorgó una beca para que viajara a Europa y a su regreso, fue discípulo de Miguel Noreña, junto a quien realizó una estatua de Cuauhtémoc. En 1883, al momento de vaciar el bronce, un chorro en ignición perforó su pie. A pesar de aquel accidente, la carrera de Jesús Fructuoso Contreras no se detuvo. Su talento quedó plasmado en Paseo de la Reforma, donde se colocaron veinte esculturas de su autoría. Sin embargo, su obra más célebre llegó hasta Francia, donde viajó en 1898 con la doble misión de representar a México como comisionado de Bellas Artes en la Exposición Universal de París y buscar un tratamiento para el cáncer que lo aquejaba. Su diagnóstico fue devastador: el 24 de junio le amputaron el brazo derecho, pero para entonces su escultura *Malgré Tout* —una alegoría de la lucha por sobreponerse a la adversidad—

ya estaba concluida. La pieza le valió el Primer Premio y la Cruz de la Legión de Honor en un magno evento internacional.

Fue el poeta Amado Nervo, enviado a cubrir la Exposición Universal, quien alimentó la leyenda de que Contreras había esculpido *Malgré Tout* solo con la mano izquierda, cuando en realidad la pieza que creó tras la amputación fue *Inocencia.* Aun así, la historia de Contreras conmocionó al mundo del arte y la literatura. Tras su prematura muerte en 1902, Nervo y José Juan Tablada pronunciaron emotivos discursos en su honor, y Juan de Dios Peza le dedicó su poema "Loor al artista".

Al año siguiente, Federico Gamboa, uno de sus amigos más cercanos, escribió el prólogo de su novela *Santa* en su memoria. Incluso Julio Ruelas lo inmortalizó en el óleo *Entrada de Don Jesús Luján a la Revista Moderna* como un ave sin su ala derecha. Años después, en 1909, Manuel M. Ponce compondría una pieza de piano para la mano izquierda, un homenaje sonoro a la lucha incansable de un escultor que, pese a todo, dejó su huella imborrable en el arte mexicano. La pieza original de *Malgré tout* se exhibió durante años en la Alameda Central, pero se trasladó al Museo Nacional de Arte (MUNAL) para protegerla del vandalismo callejero. En su lugar, se colocó una réplica que sigue siendo una presencia poderosa y silenciosa entre los árboles. Quizá por eso sigue conmoviendo tanto: porque no solo representa una lucha personal, sino también la fragilidad de lo bello en medio del caos urbano. A pesar de todo, la ciudad, a veces nos guía hacia canciones y sonidos que arrebatan suspiros y lágrimas, sin importar cuánto cambie con el tiempo.

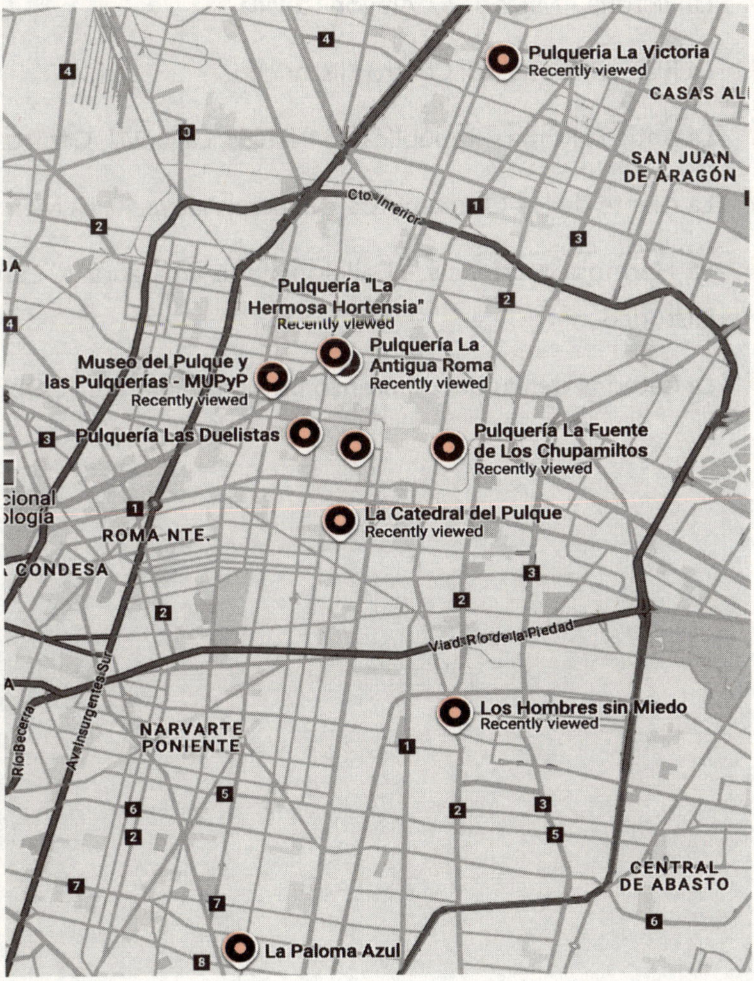

- Los hombres sin miedo - Calzada de la Viga 765, Francisco Xicaltongo, Iztacalco
- Museo del Pulque y las Pulquerías - Avenida Hidalgo 109, Col. Guerrero
- La Paloma Azul - Avenida Popocatépetl 154, Portales Sur
- Las Duelistas - Aranda 28, Centro Histórico
- La Victoria - Miranda 57, Aragón La Villa
- La Risa - Mesones 71, Centro Histórico
- La Antigua Roma - República de Perú 38, Lagunilla, Centro
- La fuente de los Chupamirtos - General Anaya 40, La Merced
- La Hermosa Hortensia - Callejón de la amargura 4, Centro Histórico
- La Catedral del Pulque - Lorenzo Boturini 250 a-acc C, Obrera

CAPÍTULO 9

Esquinas memoriosas

En diversos periódicos se ha afirmado que la Ciudad de México tiene más de 25 mil calles. Recorremos con frecuencia las más céntricas o familiares, aunque miles de ellas quizás nunca sientan nuestros pasos. A veces llegamos a ciertas zonas por azar, como me ocurrió en Iztapalapa, pues después de habitar en ese barrio por más de veinte años, descubrí calles con nombres como "Amanecer", "Fuego Fatuo" o "Lluvia de Estrellas". No sé quién las nombró así ni por qué, pero algo en esos nombres me conmovió. Quizá porque en ese entorno tan lleno de prejuicios aparecía, de pronto, una belleza inesperada. Desde ahí, he visto algunos de los atardeceres más hermosos que recuerdo. Parte del encanto de esta ciudad es aquello que los nombres de sus calles nos dicen una vez que nos detenemos a descifrarlos. Muchas de ellas esconden leyendas, recuerdan a personajes ilustres o guardan alguna grieta por donde se filtra la historia.

Hace poco más de 500 años, los españoles se quedaron atónitos ante un deslumbrante paisaje que parecía un sueño. Las calzadas principales de aquella ciudad antigua se construyeron hacia los cuatro rumbos del universo, pues incluso la geografía se utilizó para representar la cosmovisión de los mexicas. En 1523, Alonso García Bravo trazó el primer cuadrante con plazas y calles que conformarían la nueva urbe cimentada sobre las ruinas de Tenochtitlán. El alarife mantuvo parte de la anatomía de la ciudad conquistada, pues conservó las tres calzadas mexicas que comunicaban la ciudad lacustre con tierra firme. Entre esas vías, estaba la calzada de Tlacopan, que cambió su nombre a "Tacuba" y hoy es considerada como la calle más antigua de América.

Además de orientar a la población, los nombres de las calles se convirtieron en un narrador involuntario de la historia. Según cuenta la investigadora, Carina Víquez, las primeras avenidas de la Nueva España fueron marcadas por su punto de partida y dirección, así surgió la "calle que viene de Iztapalapa y va hacia Tlatelolco", aunque también se utilizaban los apellidos de los vecinos, como sucedió con la "calle que baxa de las casas de Blasco Hernández". Otras fueron nombradas igual que los nuevos edificios; por ejemplo, "Puerta Falsa de San Andrés" hacía referencia a la entrada trasera del desaparecido hospital. El origen del nombre de la calle "Moneda" está en el siglo XVI, cuando se estableció la Real Casa de Moneda. Los conventos también sirvieron como inspiración: "Arco de San Agustín" era una referencia directa y literal al arco que conectaba el antiguo convento con el noviciado. Aquella calle conservó su nombre por más de cien años.

Los sucesos memorables que estaban en boca de todos también fueron parte de la tradición nominal, principalmente en el actual Centro Histórico. La "Calle del Indio Triste" (hoy Correo Mayor), evocaba a un hombre despojado de su riqueza, que solía sentarse en la esquina de su antigua casa para lamentar sus infortunios. La gente le apodó "el Indio Triste", quien permaneció solitario y afligido hasta su muerte. "Niño Perdido" fue uno de los nombres que tuvo un tramo del actual Eje Central. Algunos lo atribuyen a una pequeña iglesia donde se veneraba al Niño Jesús extraviado y hallado en el templo.

Pero también existe una leyenda más dramática: la de un joven platero, rechazado por su amada, quien tiempo después se casó y tuvo un hijo. Una noche un misterioso incendio desató el caos en la calle Plateros (hoy Madero). Aprovechando la confusión, el platero —aún enamorado— raptó al bebé. La madre, desesperada, corrió gritando hacia la avenida San Juan de Letrán y a partir del incidente, ese tramo comenzó a llamarse "Niño Perdido".

A finales del siglo XVIII, durante el gobierno del virrey Revillagigedo, se colocaron azulejos con el nombre de las calles. No obstante, hacia finales del XIX, Manuel González de Cosío impulsó una reforma del sistema de nomenclatura con el objetivo de modificar los nombres existentes. En 1886, Roberto Gayol desarrolló un método numérico, pues en su opinión, las calles de aquel tiempo no tenían un principio racional y en una misma línea se encontraban nombres "caprichosos" y "ridículos" que habían perdido su vigencia.

La intención de Gayol era eliminar el carácter anecdótico detrás de los nombres antiguos, pues para él resultaban inexplicables a los extranjeros y les causaban una "mala impresión". Con base en dichas propuestas, en 1887 se publicó un documento titulado "Nomenclatura actual y antigua de las calles de la Ciudad de México". Si aquel plan hubiera perdurado, las calles actuales del Centro Histórico tendrían nombres como "Avenida Oriente 7" o "Calle Sur 11". Pero, inmediatamente, los habitantes de la ciudad perdieron su rumbo ante un confuso sistema que rompía con la tradición histórica. Hubo tantas quejas que, en 1893, el Ayuntamiento se vio obligado a colocar los nombres antiguos debajo de los nuevos. El presupuesto no alcanzó para terminar aquella tarea y con el cambio de gestión el proyecto quedó inconcluso.

Fue hasta junio de 1905 cuando las comisiones formadas para el estudio de la nomenclatura de las calles, obtuvieron resoluciones definitivas. Entre ellas, se determinó que la designación de los nombres sería a través de poblaciones, personajes célebres, acontecimientos o fechas memorables. También se definió que los nombres serían colocados con letras grandes en las cuatro esquinas de cada calle y que ningún nombre se repetiría en puntos distintos de la urbe. Esta última resolución fue imposible de mantener, debido al crecimiento acelerado de la capital mexicana. De acuerdo a la Secretaría de Desarrollo Urbano y Vivienda de la Ciudad de México, hoy coexisten más de 600 calles llamadas Miguel Hidalgo.

Además, con el surgimiento de los nuevos fraccionamientos urbanos, la nomenclatura fue determinada por las ocurrencias de los socios que impulsaron dichos proyectos. En Santa María la Ribera los hermanos Flores colocaron nombres de flora y fauna. Las calles de la colonia Roma fueron bautizadas como los Estados mexicanos por donde pasó el famoso circo de su principal fraccionador, Walter Orrin. La historia más extravagante y menos conocida, quizás pertenezca a Lomas de Chapultepec, pues fue Antonieta Rivas Mercado quien eligió montañas y cordilleras como "Montes Urales" o "Sierra Nevada" para nombrar las calles de la colonia que originalmente se iba a llamar "Chapultepec Heights".

A pesar de que se descartó el sistema numérico, los nombres siguieron cambiando e incluso algunos respondieron a sucesos políticos. Por ejemplo, en 1920, muchas calles del Centro Histórico se rebautizaron como las repúblicas que reconocieron al gobierno de Álvaro Obregón; de este modo, la "Calle del Relox", se convirtió en "República de Argentina". Para 1928, cronistas como Luis González

Obregón y Artemio de Valle-Arizpe, le propusieron a José Vasconcelos instalar placas de azulejo en algunas esquinas del Centro, con el fin de recuperar los nombres antiguos y la memoria urbana, pues en algunas de ellas también se inscribieron hechos históricos.

En República de Uruguay 95, todavía se ubica una de esas placas, que nos permite reencontrarnos con el pasado, pues recuerda que esa calle fue la primera en la ciudad que contó con alumbrado público. Gracias al proyecto de los apasionados cronistas del siglo XX, el Centro Histórico todavía se puede leer. Aquel proyecto quedó interrumpido por el asesintato del presidente Obregón y aunque no se volvió a retomar, inspiró a otra generación de cronistas.

En el 2018, los escritores Rafael Pérez Gay y Héctor de Mauleón concibieron un libro titulado *200 lugares imprescindibles del Centro Histórico*. Además de impulsar la publicación de una guía repleta de historias insólitas y olvidadas, el gobierno de la Ciudad de México aprobó la instalación de nuevas placas que revelaran anécdotas similares a las que los cronistas habían seleccionado noventa años antes. También sobre República de Uruguay, pero en el número 94, se puede leer una pequeña placa de color blanco donde se indica que esa vieja casa de tezontle perteneció a José Justo Gómez de la Cortina, escritor y divulgador de la literatura mexicana. A unos pasos de su propiedad, Gómez de la Cortina rescató una de las leyendas más famosas de la ciudad en un libro publicado bajo el sello del gran Ignacio Cumplido: *La calle de Don Juan Manuel. Anécdota histórica del siglo XVII*.

La intención de Pérez Gay y Mauleón era instalar 200 placas en el Centro Histórico, sin embargo, apenas se logró colocar la mitad. Con el cambio de administración, el nuevo gobierno decidió no dar continuidad al proyecto, suspendió la colocación de nuevas placas y además dejó de pagar el *hosting* del sitio web que albergaba el libro completo con todos los mapas y textos que los cronistas y su equipo habían rastreado para devolverle la memoria a las calles. Así, no solo se frenó la intervención física en el espacio público, sino también el acceso digital libre y gratuito a una de las investigaciones más valiosas sobre el corazón de la ciudad.

Como suele ocurrir con muchas iniciativas culturales, el proyecto fue también objeto de críticas, pues hubo personas que cuestionaron la relevancia de destinar presupuesto público a proyectos de esta envergadura. Jorge Pedro Uribe, otro cronista contemporáneo, tiene una frase contundente, que para mí explica a la perfección la importancia de acercarnos a la historia urbana; su maravilloso podcast *Cuidad de México* iniciaba con la poderosa consigna: "Solo se cuida lo que se quiere y solo se quiere lo que se conoce". Por ello, los cronistas son, en muchos sentidos, guardianes de la memoria colectiva. A través de su mirada, el territorio que habitamos cobra vida: se convierte en un organismo palpitante que respira historia, cultura y afectos. Su labor no se limita a registrar acontecimientos, sino que nos invita a leer el entorno como un gran palimpsesto donde conviven la ciudad de ayer y hoy. Tal vez sin proponérselo, muchos de ellos fueron tejiendo, desde sus propias épocas, un legado vital: el de narrar con tanto detalle y emoción los rincones de su tiempo, que incluso los espacios ya desaparecidos parecen revivir al ser leídos. Sus palabras tienen el poder de transportarnos a otros siglos, porque observar y contar lo que ocurre en las calles ha sido una vocación que acompaña a este lugar desde sus primeros años.

La primera crónica conocida de la ciudad mestiza que surgió después de la conquista fue escrita por Francisco Cervantes de Salazar. Su libro *México en 1554* fue publicado ese mismo año por la mítica imprenta de Juan Pablos, el primer impresor de la ciudad virreinal. Las actas del Cabildo registran que el 24 de enero de 1558 se solicitó su nombramiento como cronista de la Nueva España, con una asignación anual de 200 pesos de oro común, con el fin de apoyar la redacción de un libro que ya había comenzado a trabajar: la *Crónica de la Nueva España*.

Desde entonces, muchas plumas han intentado descifrar y revelar los secretos de esta ciudad a través de la palabra. Aunque en ciertos momentos históricos se otorgaron apoyos o reconocimientos institucionales, la figura del cronista no ha sido una profesión oficial que haya perdurado en el tiempo. Hoy no existe un nombramiento institucional ni se otorga remuneración alguna por su labor. Por eso, como ha mencionado Ángeles González Gamio, el título de cronista lo conceden los propios habitantes de la ciudad, y ejercerlo es, ante todo, un acto de amor y persistencia.

Aun así, hubo épocas en las que este oficio fue respaldado por las autoridades y se le consideraba un honor público. Algunos cronistas llegaron a recibir homenajes simbólicos —a veces póstumos— que aún sobreviven en la nomenclatura de las calles. A través de actos como éste la ciudad ha reconocido, al menos en ciertas ocasiones, a quienes la han narrado con devoción.

La pequeña calle José María Marroquí, en el Centro Histórico, evoca a uno de los más fervientes enamorados de la ciudad, quien salía a pasear todos los días por uno de sus sitios predilectos: la Alameda. Este personaje dedicó veinte años de su vida a documentar la historia de la capital y cuando al fin terminó su extensa investigación, la cedió al Ayuntamiento para que fuera publicada. Sin embargo, los talleres donde se imprimía ardieron en llamas, y con ellos se perdió el manuscrito original. Gracias a un milagro literario, el canónigo Vicente P. de Andrade había conservado los borradores de la obra, pues el incansable historiador solía visitar su biblioteca. En 1900, dos años después de la muerte de Marroquí, se publicaron tres volúmenes titulados *La Ciudad de México.*

Curiosamente, las más de dos mil páginas que escribió explican los nombres de muchas calles virreinales, así como la historia de plazas, edificios, conventos y otros sitios de interés. La casa del autor estaba ubicada en el callejón de Cuajomulco, que años más tarde adoptó su nombre. Su obra, además de rescatar el pasado perdido, encendió la curiosidad de generaciones posteriores: los libros también contagian el amor por la ciudad, y Marroquí se convirtió en un referente fundamental para lectores atentos y futuros cronistas. A partir de su legado, otros autores encontraron inspiración para seguir narrando los secretos de esta capital inabarcable.

También en el Centro se encuentra otra calle dedicada a un cronista de antaño. En 1923, "Encarnación" fue renombrada "Luis González Obregón". A ese personaje sí le tocó ser reconocido en vida y su casa todavía se mantiene de pie. El tema de la nomenclatura urbana fue uno de sus grandes intereses y gracias a libros como *Las calles de México*, publicado en 1922, hoy podemos leer esa "ciudad fantasma" que el cronista recorrió en el siglo XX. Además, se encargó de relatar los sucedidos populares que habían trascendido en los nombres de ciertas calles. Entre las leyendas que pueblan las páginas de su libro están la Llorona (con su origen prehispánico), el famosísimo Don Juan

Manuel (quien hizo un pacto con el diablo y asesinaba hombres a la misma hora de la noche frente al portón de su casa), la Mulata de Córdoba (supuesta hechicera que no envejecía y escapó de la cárcel en un barco que dibujó en una pared) y la hermana de los Ávila (mejor conocida como "el fantasma de la monja").

Todas esas historias fantásticas forman parte del universo narrativo que los cronistas han tejido con palabras a lo largo del tiempo, y lo más fascinante es que, por inverosímiles que parezcan, todas guardan una pizca de verdad. Por eso resulta tan coherente —y profundamente simbólico— que muchas calles de la ciudad lleven el nombre de quienes las contaron. La nomenclatura urbana se convierte así en una especie de libro abierto capaz de conservar la memoria y contagiar la pasión que los cronistas sintieron por una urbe cimentada en relatos legendarios que hoy se siguen contando.

Más allá del Centro Histórico, existen otras zonas donde habitan algunos narradores inmortales de la ciudad. En la colonia Doctores abundan nombres de cronistas que se transformaron en calles. Por ejemplo, Juan de Dios Peza, el poeta romántico que narró en verso parte de las historias fantásticas del ayer. Su libro *Leyendas de las calles de Méjico* reúne poemas que explican el misterio detrás de nombres como "La calle de la Amargura", "La calle de la Buena Muerte" o "El callejón del Monstruo".

Aunque muchas de las leyendas contenidas en este título, aparecen una y otra vez en los textos de distintos cronistas, cada uno las interpreta con su estilo particular, que nos permite asomarnos hacia otras capas del tiempo. Por eso, leerlos hoy sigue siendo una forma de explorar las caras ocultas de una ciudad que no ha dejado de transformarse. Y entre esos nombres que hoy son parte del mapa capitalino, se encuentran también Manuel Gutiérrez Nájera (quien inmortalizó la calle Madero en su poema *La duquesa Job*), Ángel de Campo (cuyo pseudónimo *Micrós* apareció constantemente en los periódicos del siglo XIX), Antonio García Cubas (autor de *El libro de mis recuerdos*) o Antonio León y Gama (responsable del registro sobre el descubrimiento de los monolitos más importantes encontrados en en el siglo XVIII).

La colonia Doctores no solo conserva el legado de poetas y cronistas, también alberga calles que evocan a personajes estrechamente vinculados con el amor por los libros. Una de las avenidas más transitadas lleva el nombre de Lorenzo Boturini, historiador de origen italiano que vivió en la Nueva España durante el siglo XVIII. Tanto la vialidad como el barrio rinden homenaje a este bibliófilo apasionado, quien reunió una valiosa colección de manuscritos prehispánicos que llamó *Museo Histórico Indiano.* Entre los documentos más célebres que reunió se encuentra la *Tira de la Peregrinación*, también conocida como *Códice Boturini*, un testimonio gráfico que narra el recorrido mítico de los aztecas hasta la fundación de Tenochtitlán. Su legado no solo fue bibliográfico, sino también simbólico: entendió el poder de los libros y los códices como vehículos de memoria para contar el origen del lugar que habitamos.

Sin embargo, su ardua labor no fue suficiente para salvarlo de un destino trágico. En 1743, el gobierno de la ciudad confiscó todos sus libros y lo encarceló, pues nunca tuvo permiso para ingresar a la Nueva España, no era un noble italiano como afirmó cuando llegó, y hoy se sabe que incluso su apellido era falso. Aunque su colección fue disuelta y se vio obligado a abandonar la ciudad para siempre, su presencia quedó anclada en aquello que más amaba: los códices, la ciudad y el culto guadalupano. Como una suerte de reparación simbólica, también lleva su nombre la biblioteca de la Basílica de Guadalupe, un espacio dedicado a la devoción que marcó su vida. Paradójicamente, aunque pocos recuerdan quién fue, su nombre resuena a diario en el ir y venir de una avenida, en la custodia de una biblioteca, y en un códice que lo sobrevive. Tal vez, si su fantasma aún recorriera la ciudad, encontraría en ello un modesto consuelo.

La historia de Boturini es solo una entre muchas que han quedado grabadas —o borradas— en el trazado de la ciudad. Porque nombrar calles como personajes ilustres implica decidir quién merece ser recordado. Cada hombre que aparece en una placa es una pequeña declaración de memoria. Pero, ¿quiénes tienen el privilegio de estar en esas esquinas? ¿Qué historias se repiten y cuáles se silencian? La nomenclatura urbana ha rendido homenaje a cronistas, bibliófilos, artistas, escritores, políticos, periodistas, revolucionarios y músicos, pero las mujeres han estado prácticamente ausentes durante siglos en los nombres de las calles de la Ciudad de México.

Hasta donde pude investigar, no encontré ningún registro íntegro o lista oficial que permita conocer el número exacto de calles nombradas en honor a mujeres destacadas. Según mi propio directorio, son pocas, y por eso vale la pena recordarlas. En Santa María la Ribera se encuentra la calle María Enriqueta Camarillo, quien, como ya hemos comentado, ha sido la única mujer mexicana nominada al Premio Nobel de Literatura.

Una pequeña placa blanca con marco azul señala que su última morada estuvo en la antigua calle de Ciprés (hoy Torres Bodet). Aquel indicio del pasado es parte de un proyecto independiente de placas históricas y literarias que comenzaron a colocarse en distintos edificios del barrio, una iniciativa impulsada por el escritor Ricardo Lugo Viñas, quien hace años me contó también el origen de otra calle con nombre femenino. Alfonso Méndez Plancarte fue un vecino ilustre de Santa María y uno de los biógrafos de Sor Juana Inés de la Cruz; gracias a él, existe una calle dedicada a la décima musa.

En la colonia del Valle se leen diversos nombres femeninos ligados con el altruismo. Luz Saviñón nació en Puebla en 1902 y es recordada por ser una filántropa mexicana que destinó gran parte de su fortuna a causas sociales; además de fundar un colegio que llevaba su nombre, impulsó la creación de un Monte de Piedad que otorgara créditos de entrega inmediata a quien los necesitara. Ernestina Larráinzar fue maestra, monja y escritora. Con su hermana Josefina, fundó la Congregación de las Hijas del Calvario en 1885. Ambas escribieron novelas y relatos de viaje, entre ellos una serie de memorias en cuatro volúmenes que narran la experiencia de su infancia en Europa, a raíz del viaje diplomático que emprendieron en 1866 cuando su padre fue enviado a San Petersburgo por órdenes del emperador Maximiliano I.

En la misma colonia, la calle Concepción Béistegui rememora a una mujer que dejó una huella tangible en la ciudad: heredó todos sus bienes a los pobres y dispuso en su testamento la creación de un hospital que llevara su nombre. El edificio fue instalado en el antiguo Convento de Regina y adaptado con una fachada porfiriana, característica de la época. El hospital Béistegui fue inaugurado el 21 de marzo de 1886 por el presidente Porfirio Díaz y operó durante casi un siglo. Hoy ese edificio permanece en el número 7 de la calle Regina; funciona como cafetería y alberga un pequeño museo de sitio.

Por la misma zona, el eje vial "Eugenia" esconde a una de las primeras mujeres propietarias de una hacienda en la colonia del Valle. Eugenia Ojeda de Castelló se convirtió en una dama filántropa que vivió en la Quinta Eugenia con su esposo, José Castelló, director del Banco Nacional de México. Ana María Mier es otra calle nombrada por la creadora de la *Fundación María Ana Mier de Escandón*, encargada de realizar actividades de beneficencia pública y privada.

Elena Arizmendi Mejía fue una pionera del feminismo mexicano y una figura clave durante los años convulsos de la Revolución. En 1911 fundó la Cruz Blanca Neutral, una organización independiente de atención médica que brindaba ayuda a los heridos en combate, sin distinción de bando, luego de que la Cruz Roja porfirista se negara a atender a los rebeldes. Más tarde, desde Nueva York, impulsó la revista *Feminismo Internacional*, desde donde promovió los derechos de las mujeres en el ámbito hispanoamericano. En 1927 publicó *Vida incompleta; ligeros apuntes sobre mujeres en la vida real*, un libro donde respondió públicamente a José Vasconcelos, quien había aludido a ella bajo el personaje de "Adriana" en sus obras *Ulises Criollo* y *La Tormenta*.

Rastrear calles con nombres de mujeres suele ser una tarea compleja, en gran parte porque existe mucha menos información sobre ellas en comparación con las figuras masculinas. Uno de los casos que más me intriga —y que aún no he logrado desentrañar con certeza— es el de la calle Josefina Prior. En un plano de la colonia Huerta del Carmen (actual Chimalistac), fechado en 1906, se distingue claramente la nomenclatura original: aparecen la primera y segunda calle del Fresno; la primera y segunda calle del Secreto; la primera, segunda y tercera calle de Rafael Checa y también la primera, segunda y tercera calle del Prior. Ese nombre femenino solo figura en el trazo de la "Glorieta Josefina", donde en algún tiempo se alzaba un enorme fresno, que hoy sobrevive apenas en la memoria del nombre de una calle. La pequeña y pintoresca plaza aún se conserva en Chimalistac, y originalmente fue bautizada en honor a Josefina Martínez de Pimentel, esposa de uno de los accionistas de la empresa que fraccionó esta zona. La rotonda empedrada resguarda una hermosa fuente central, cuya base de piedra está decorada con frutos, como un eco visual de la antigua huerta del convento carmelita de San Ángel. Es posible que el nombre "Josefina" se haya añadido a las antiguas calles del Prior, pero hasta ahora no he encontrado un documento oficial que lo confirme.

También en Chimalistac se encuentra una de mis calles favoritas de la Ciudad de México: Santa. No solo lleva el nombre de una mujer, sino de un personaje literario que le ha dado inmortalidad a Federico Gamboa. José Emilio Pacheco consideró que "Santa", publicada en 1903, fue el primer best seller mexicano. El impacto de la novela fue tal que algunos lectores llegaron a creer que Santa había existido de verdad. En sus memorias, Gamboa relata que, al volver al barrio, los vecinos le contaron que ciertas personas buscaban la tumba de su protagonista en el cementerio de la parroquia de San Sebastián Mártir. En ese mismo barrio —que el escritor describe con detalle en la primera parte de *Santa*— existe otra calle inspirada en el coprotagonista de la novela: Hipo, el pianista «de ojos blanquizcos, de estatua de bronce sin pátina». Ambas calles llegan a cruzarse, lo cual me parece profundamente simbólico y bello, considerando que en la ficción los personajes no logran encontrar un destino juntos. Según mis investigaciones, existen muy pocos casos en el mundo donde las calles lleven el nombre de personajes literarios, y todo indica que Santa e Hipo fueron las primeras.

Siguiendo las evocaciones literarias femeninas en la nomenclatura urbana encontré que en la colonia Crédito Constructor, en la alcaldía Benito Juárez, es posible caminar sobre nombres de figuras grecolatinas: Hera, la diosa del amor; Ceres, diosa de la agricultura y Minerva, deidad de la sabiduría y la guerra. En Xochimilco existe una calle llamada Frida Kahlo y en el Centro Histórico conviven nombres como Isabel la Católica, Corregidora (en referencia a Josefa Ortiz de Domínguez, figura clave de la Independencia de 1810) y Leona Vicario (una de las primeras periodistas mexicanas y también participante en la causa independentista).

En Coapa, hay una colonia llamada Carmen Serdán, la única en la Ciudad de México donde casi todas las calles están nombradas como mujeres: Avenida Carmen Serdán, Lucrecia Toriz, Dolores Jiménez, Josefa Ocampo, María Luisa Martínez, Carmina Rincón, Dominga Álvarez, Magdalena Cobos, Catalina González, María Teruel, Juana Gutiérrez, María Luisa Martínez, Gertrudis Bocanegra, Rafaela López Aguado, María Pistolas, La Valentina, Santa Rosa, María Tomasa Estévez, Adelita, Hermanas Moreno, Soledad Solórzano, Agustina Ramírez, Antonia Nava, Las Coronelas, Rita Pérez de Moreno, Mariana Rodríguez, Faustina Benítez y Natalia Serdán.

No he logrado encontrar la historia de esa colonia, pero sé que en 2024 el gobierno presentó una iniciativa llamada "Ciudad de las Heroínas" cuyo objetivo fue renombrar algunas calles como homenaje a mujeres mexicanas destacadas. La propuesta se sometió a consulta ciudadana a través de una plataforma digital. Entre los nombres más votados estuvieron Rosario Castellanos y Elena Garro. Esta última fue la primera en aparecer oficialmente en el paisaje urbano: el 24 de agosto de 2024, su nombre sustituyó al de Gustavo Díaz Ordaz, uno de los principales responsables del contexto represivo que marcó la vida y obra de la escritora.

El proceso de renombrar calles para visibilizar figuras femeninas no ha estado exento de controversia. Muchos vecinos se oponen —con razón— por las implicaciones prácticas: cambiar papeles oficiales, notificar bancos, actualizar escrituras. Otros se preguntan si eso realmente cambia o mejora algo, si no sería más prudente o provechoso enfocarse en los servicios, la seguridad, la iluminación.

Pero cambiar un nombre no es un gesto vacío. Saber quién fue la mujer que ahora nombra tu calle puede sembrar una pregunta, una conversación, un cuestionamiento o, por lo menos, despertar la curiosidad. Puede, incluso, detonar una reparación simbólica en una ciudad que, durante siglos, ha contado solo una parte de su historia.

CAPÍTULO 10

Sabiduría heredada

Algunos de los objetos que coleccionamos a lo largo de la vida están cargados de afectos. En muchos casos, es muy posible que ciertas pertenencias se queden en el mundo aún después de la muerte del individuo que dejó un pedazo de su alma en ellos. Uno de los objetos que más me han intrigado desde que supe de su existencia, son los *ojos de amante*. Descubrí ese término en el primer libro que diseñé, se trataba de una breve historia de la joyería, donde aprendí que las alhajas—que para mi en ese entonces eran demasiado superficiales— también se usaron como una "segunda piel" que más allá de adornar, denotaban una carga simbólica (poder, riqueza, identidad), incluso podía transmitir mensajes de amor y secretos.

Los "ojos de amante" se pusieron de moda en Inglaterra a finales del siglo XVIII. Eran, literalmente, retratos miniatura pintados a mano del ojo de la persona amada, colocados en broches, anillos o colgantes. Lo particular era que solo se pintaba el ojo, para mantener en las tinieblas la identidad de los enamorados. Lo que sobrevive son las piezas pero es muy difícil conocer sus historias, incluso el rostro completo del propietario por la condición anónima de cada joya, que solo llegó hasta nosotro, como una emoción contenida en el silencio de una mirada desconocida y congelada en el tiempo.

Además, existieron relicarios de compuertas diminutas donde se guardaba el cabello de algún ser querido, como un modo de llevarlo cerca y recordarlo. Es común que las madres dejen un legado de aretes, anillos, collares de perlas y otras piedras preciosas como un gesto de preservar objetos valiosos entre generaciones. Pero existe una herencia más intangible, hecha de saberes, costumbres y conocimientos transmitidos en voz baja, en papel, en rituales familiares. Pienso, por ejemplo, en las recetas manuscritas de las abuelas o en los libros con anotaciones al margen que revelan cómo leía alguien que ya no está. Lo que no se resguarda, se pierde. Por eso, a lo largo de la historia, muchas personas han buscado formas de conservar lo que consideran valioso, no solo para ellos, sino para el futuro.

Así como algunas joyas atraviesan generaciones, también hay edificios que han sido custodios del conocimiento. A través de ellos, se han logrado conservar saberes heredados desde tiempos remotos; entre sus muros se ha presenciado una búsqueda constante por comprender el mundo o difundir alguna clase de sabiduría que quedó incrustada en sus espacios o en las posesiones más valiosas de algún erudito.

Una de las ventajas de la actualidad es, precisamente, valorar con la distancia de los siglos para darle sentido a otro tipo de joyas: aquellas que tal vez no brillan, pero iluminan.

Cuando se habla de edificios destacados en la Ciudad de México, es común que tanto los medios como las personas los describan como "joyas" o "tesoros". Aunque estos términos se usan con frecuencia, hay lugares cuya historia y presencia los han convertido en referentes indiscutibles del patrimonio urbano. Para llegar a uno de mis favoritos, se debe caminar por la calle de Donceles, hasta el número 104. El imponente edificio contiene más de dos siglos de historia. Su fundación data de 1754 y desde sus orígenes fue una institución educativa ideada por una mujer: María Ignacia Azlor y Echevers. La criolla novohispana nació en 1715 en el seno de una familia noble y desde muy pequeña se interesó por la religión, los libros y las artes. Al igual que otras mujeres que desafiaron las costumbres de su tiempo, María Ignacia no deseaba casarse, así que viajó a España para convertirse en monja de la Congregación de María. Sin embargo, tuvo una idea que le permitió regresar a su tierra y ejercer sus pasiones: solicitó permiso al rey Fernando VI para crear la primera institución de educación femenina en la Nueva España a través de la fundación del Convento de Nuestra Señora del Pilar, también conocido como "La Enseñanza".

Para construir el recinto se utilizó el dinero que hubiera sido la dote matrimonial de María Ignacia y se compraron varios solares de la calle que en ese entonces se llamaba Cordobanes (hoy Donceles). En el interior de esos muros estudiaron niñas de todas las clases sociales y el espacio se convirtió en uno de los centros educativos más prestigiosos de la ciudad, cualidad que conserva en la actualidad, pero que tuvo varias metamorfosis. El convento original dejó de funcionar en el siglo XIX, debido a las Leyes de Reforma y, aunque el Templo reabrió sus puertas en 1910 como espacio de culto católico, el resto del inmueble fue fraccionado y tuvo diversos usos. Durante un tiempo, fue sede de la Secretaría de Educación Pública, también funcionó como escuela para personas con discapacidad visual y después de un largo camino, el 15 de mayo de 1943, se creó El Colegio Nacional. Por más de ocho décadas la institución se ha dedicado a la divulgación de las ciencias, las artes y las humanidades. Desde su fundación se estableció que los miembros de El Colegio tendrían que impartir conferencias de su especialidad, sin costo alguno, inscripción ni aplicación de exámenes a los asistentes. El objetivo principal de la institución era el enriquecimiento científico y cultural de la nación. Para ello se designaron a 15 miembros fundadores, que pertenecían a diversas disciplinas, inicialmente concentradas en cuatro categorías: Artes y Letras, Ciencias Sociales y Humanidades; Ciencias Biológicas y de la Salud y Ciencias Exactas.

Los nombres que formaron parte de esa selección fundacional fueron figuras clave del pensamiento y la cultura mexicana: Antonio Caso (filósofo), Alfonso Caso (arqueólogo), Alfonso Reyes (humanista), Mariano Azuela (escritor), Diego Rivera (pintor), Enrique González Martínez (poeta), José Vasconcelos (filósofo), José Clemente Orozco (pintor), Ignacio Chávez (cardiólogo), Carlos Chávez (músico), Isaac Ochoterena (biólogo), Ezequiel Ordóñez (geólogo), Manuel Sandoval Vallarta (físico), Manuel Uribe Troncoso (oftalmólogo) y Ezequiel A. Chávez (educador).

En la página web de El Colegio Nacional existe un apartado que recupera la biografía de cada uno, con alguna frase representativa de su pensamiento. La de Ezequiel A. Chávez dice: "Dije yo hace más de doce años que el hombre tiene hambre y sed de Infinito, y que si no las sacia, su espíritu se enferma." Una reflexión que sigue resonando en estos tiempos, como recordatorio de la importancia de nutrir el alma con conocimiento, arte y pensamiento crítico.

Hoy, los miembros de El Colegio son algunas de las mentes más brillantes en diversas materias y comparten sus investigaciones en eventos gratuitos y abiertos a todo el público. En el Aula Magna, ubicada en el segundo piso del inmueble, se han presentado personajes como los escritores, Cristina Rivera Garza, Christopher Domínguez Michael, Vicente Quirarte, o Juan Villoro; arqueólogos como Eduardo Matos Moctezuma o Leonardo López Luján; o lingüistas como Concepción Company Company. Pero eso no es todo. El edificio que alberga a esta institución es uno de los más hermosos que han traspasado los siglos en el corazón de la ciudad.

Su fachada es de cantera y tezontle, materiales característicos de la arquitectura del siglo XVIII. Junto a la puerta principal, formada por seis gruesos pilares dorados, se colocó una placa de piedra para indicar la entrada al recinto. Sobre los techos de las ventanas, se alcanza a ver el escudo de El Colegio Nacional, acompañado por su lema "Libertad por el saber", el cual abarca la función principal de la institución: divulgar el conocimiento de las ciencias, las artes y las humanidades, a través de eventos y conferencias abiertos al público e impartidos por intelectuales mexicanos. Su escudo, diseñado por Orozco, contiene un águila a punto de volar que representa la libertad y un sol para simbolizar la sabiduría.

En el interior hay un patio sereno coronado por un cielo inmenso, a veces desde ahí se puede contemplar el azul radiante y uniforme de un día soleado o el gris húmedo que pinta la lluvia. En la noche, el paisaje se transforma, pero no se oscurece por completo y aún se alcanzan a ver los pilares de piedra que sostienen las tres plantas. En la primera hay un aula dedicada a las exposiciones temporales, frente a la entrada de esa sala existe una de las librerías más hermosas e interesantes de la Ciudad de México. Sus ventanas dan a la calle, así que es un espacio luminoso y repleto de libros, del lado de la caja se diseñó un librero que sigue la forma del tronco de un árbol desde el suelo, al llegar al techo las ramas se siguen expandiendo hasta la mitad y entre los huecos que reposan sobre la pared se suele acomodar una selección de los libros publicados bajo el sello de El Colegio.

En el centro de la librería hay dos mesas de madera que exhiben su vasta y cuidada producción editorial. Desde esos muros se han diseñado algunos de los libros que más he disfrutado, no solo por su contenido, sino por su propuesta gráfica. Uno de ellos es la edición especial que conmemora los cincuenta años de *Farabeuf*, la novela de Salvador Elizondo, quien ingresó como miembro de El Colegio el 28 de abril de 1981. Otro ejemplo es el libro facsimilar *Cómo nace y crece un volcán*, originalmente escrito e ilustrado por Gerardo Murillo, mejor conocido como Dr. Atl, cuyo ingreso a la institución se registró el 5 de marzo de 1951. En cada publicación se percibe el mismo espíritu que dio origen a esta casa del saber: la convicción de que el conocimiento también se transmite con la belleza de los libros.

Aunque el Centro Histórico resguarda una gran concentración de espacios emblemáticos, no es el único lugar donde habita la memoria. Incluso en los territorios más estigmatizados de pronto surgen sitios que han estado ahí durante siglos y que suelen ser poco conocidos, tanto por locales como visitantes. Precisamente esto me ocurrió en Iztapalapa, una zona donde habité por más de veinte años. A lo largo del tiempo, cada vez que alguien me preguntaba dónde vivía, su reacción solía ser de sorpresa o inquietud. Iztapalapa siempre ha sido una zona compleja, marcada por contrastes: por un lado, la inseguridad, la violencia y las historias terribles; por otro, una identidad profunda que sobrevive en los barrios y en tradiciones de quienes la habitan. Pero Iztapalapa ya estaba ahí, incluso antes de que los aztecas fundaran Tenochtitlán. Hoy, es parte de aquel rostro de la ciudad que mucha gente prefiere evitar. Sin embargo, existen personas, lugares y proyectos que, a pesar de la mala fama que tiene esta zona, reivindican una riqueza histórica que ha perdurado y se sigue transmitiendo.

En Culhuacán, por ejemplo, uno puede llegar hasta un sorprendente Ex Convento, que conserva sus murales de cuatro siglos, la huella de un manantial y las narraciones de códices antiguos donde se indica que esa zona fue hogar de reyes, emperadores, poetas y muchísima cultura. Durante la corta temporada que viví en las cercanías de ese espacio, leí con asombro algunos libros de Agustín Rojas Vargas (†), quien fue un gran cronista de Culhuacán. Gracias a sus apasionantes relatos, aprendí uno de los significados de ese nombre: "lugar con joroba" y que la curvatura del glifo también hace referencia al cerro de Huizachtepetl, hoy conocido como Cerro de la Estrella.

Antes de interesarme por el pasado de mis alrededores, el nombre del cerro ya me era familiar porque precisamente en esa zona había un club deportivo donde se conocieron mis padres. También en ese cerro jorobado se encendía el Fuego Nuevo, parte fundamental en la cosmogonía mexica. La ceremonia se realizaba entre la quietud, el silencio y la absoluta oscuridad de la medianoche. Cada 52 años, cuatro sacerdotes, que representaban los rumbos del universo, partían de Tenochtitlán, caminando desde la calzada de Iztapalapa hacia el cerro sagrado de Huizachtepetl. Al traspasar los caminos de agua, rociados por los reflejos de las estrellas y llegar a la cima, los sacerdotes sacrificaban a un hombre para sus dioses. Del corazón extraído del tributo humano, nacía la llama que concedería un nuevo comienzo. Después de encender el fuego sagrado, los sacerdotes volvían a Tenochtitlán y esa llama se repartía en los pueblos que habitaban el Valle de México. No era un acto salvaje, ni diabólico como lo calificaron los conquistadores. Aquella ceremonia era crucial para evitar el fin del mundo. La última vez que se realizó fue en 1507 y se tiene registrado que las últimas cinco ceremonias fueron realizadas desde el actual Cerro de la Estrella. Los restos de la pirámide aún salen de las profundidades de la tierra, sin embargo, no se ha destapado completamente porque en ese cerro cada año se realiza la tradición más importante de la zona: la representación de la pasión de Cristo.

La forma del cerro sagrado también respondía a otro de los significados asociados con el nombre de Culhuacán: "lugar de los culhuas", un sitio donde los sabios ancianos llevaban en la sangre y en la memoria el prestigioso linaje de sus antepasados, en el que el conocimiento era el más alto valor. Se trataba de una tierra profundamente vinculada a la sabiduría y al arte, cuyo pueblo se asentó en las faldas del cerro mucho antes de que los mexicas dominaran el valle, pues los culhuas y los tepanecas de Azcapotzalco se contaban entre los pueblos más poderosos del Anáhuac.

Con la caída de Tenochtitlán, Culhuacán cobró nueva relevancia: allí se erigió uno de los templos religiosos más importantes del periodo virreinal temprano, destinado a la empresa evangelizadora. Por su antigua influencia como centro espiritual y político en la cuenca lacustre, los frailes franciscanos lo eligieron como sede inicial de su misión, aunque hacia 1552 cedieron el sitio a la orden agustina, que concluyó la edificación del Ex Convento de San Juan Evangelista en 1560. Durante más de un siglo, este espacio funcionó como el influyente Seminario de Lenguas, donde los frailes aprendían las lenguas indígenas para llevar a cabo su labor evangelizadora, pero también se impartían otras materias como filosofía, latín, artes y oficios.

Aquella casa religiosa, al pie del antiguo cerro, fue un puente entre dos mundos y un centro de enseñanza fundamental en los primeros siglos de la Colonia. También en Culhuacán se instaló el primer Molino de Papel de América, un proyecto impulsado por la necesidad de producir esa importante materia en territorio novohispano, ya que el papel que venía del Viejo Continente era costoso y tardaba demasiado en llegar. Sin embargo, con las reformas borbónicas impulsadas por la corona española en 1756, los frailes abandonaron el sitio.

En 1944 el espacio fue declarado como Monumento Histórico y desde 1984 el recinto funciona como el "Centro Comunitario Culhuacán, Ex Convento de San Juan Evangelista", una de las pocas edificaciones del siglo XVI ubicadas en el sureste de la Ciudad de México. Cuenta con un museo de sitio donde se explican los orígenes del señorío Culhua, se muestran algunas piezas arqueológicas y fotografías sobre el proceso de restauración. El edificio está construido con muros de basalto volcánico típico de la zona y las paredes de sus claustros albergan frescos de gran calidad, que han sido atribuidos a la mano experta de los antiguos tlacuilos. En esa figura se esconde otra huella de sabiduría prehispánica, pues se trataba de los pintores o escribanos que se encargaron de delinear los códices ancestrales donde se contaba el origen de los pueblos mesoamericanos, así como mapas o calendarios elaborados en materiales orgánicos como el papel amate.

Desde la entrada al recinto se comienzan a apreciar esos rastros artísticos anónimos que con gran maestría decoraron los espacios, pero también sirvieron como recurso visual para la tarea de la evangelización y para la meditación de los religiosos que habitaron en el convento. Las paredes del claustro bajo también tienen algunas pinturas cuyo color principal es el negro, aunque hay otras en las que predomina el color azul que hace referencia a la condición lacustre de la zona.

Al traspasar los portones para acercarse al patio del claustro se comienza a vislumbrar una serie de arcos, cuyas sombras se reflejan en el piso de piedra. La luz solar se filtra entre ellos para alumbrar los frescos centenarios, así que es un espacio que emana mucha calma. El contraste de la piedra con los colores vivos de las plantas también genera un aspecto antiguo, pacífico que recuerda más a los pueblos aledaños a la enorme mancha urbana de la Ciudad de México. Sus pasillos y muros de piedra, la calma y el silencio que predomina en todo el lugar ofrecen una visión ligeramente parecida a lo que pudieron haber visto y experimentado los pobladores antes del crecimiento desmesurado de la urbe. Sin duda, este espacio da la sensación de ubicarse en cualquier pueblo pintoresco alejado de la ruidosa capital mexicana.

En la planta superior del claustro se encuentra un mural con una de las escenas religiosas más reconocibles: la Adoración de los Reyes. Del lado izquierdo de esa detallada imagen, hay una puerta que conduce a la biblioteca; formada por dos salas pequeñas cuyos muros también están cubiertos por grabados y frescos religiosos, así como algunas letras capitales. Ahí se resguarda un acervo de más de cuatro mil libros, entre los que destaca una colección especializada en la historia y cultura de Culhuacán. También existe un rincón para el público infantil donde se encuentran publicaciones ilustradas, cuentos y juguetes, pero también se dispuso una mesa donde los más pequeños pueden acercarse a materiales como revistas sobre códices prehispánicos y hasta una edición facsimilar de la Tira de la Peregrinación, que en otros recintos ni los adultos pueden tocar.

Cada mes, este espacio cultural organiza actividades para públicos diversos como talleres de pintura, conciertos, conferencias y eventos para desarrollar un sentido comunitario entre vecinos y visitantes. En conjunto, este espacio sigue siendo un lugar de memoria, conocimiento y resistencia, escondido en una zona de la ciudad que, aunque muchas veces ha sido ignorada, tiene mucho que contar.

Al igual que Culhuacán, hay otros espacios en la ciudad que resguardan el pasado entre muros antiguos y vecindarios que, por un instante, nos hacen olvidar que seguimos en la capital. Uno de ellos es el Centro de Estudios de Historia de México (CEHM), recinto enclavado en una colonia que parece suspendida en el tiempo.

Como mencioné anteriormente, las Leyes de Reforma transformaron de manera profunda el paisaje cultural y urbano de la Ciudad de México. Numerosos recintos religiosos fueron despojados de su función original y adaptados a nuevos usos que, con el paso del tiempo, los convirtieron en aliados inesperados para la conservación de la memoria colectiva: bibliotecas, archivos y museos nacieron entre muros que alguna vez albergaron el silencio de las órdenes religiosas.

Tal es el caso del antiguo Convento del Carmen, que hoy resguarda un importante museo. Este convento carmelita, bajo la advocación de San Ángelo Mártir, dio nombre a la zona que actualmente conocemos como San Ángel. El edificio fue concebido gracias a la extraordinaria visión de Fray Andrés de San Miguel, fraile y arquitecto, quien también proyectó la que sería la huerta más grande del siglo XVII. Este extenso terreno, propiedad de los carmelitas, albergaba más de diez mil árboles frutales que abastecían a la ciudad. Tras la desamortización de bienes eclesiásticos, la gran huerta fue paulatinamente fraccionada, lo que dio origen a la colonia conocida como "Huerta del Carmen", hoy llamada Chimalistac.

Aunque esta zona residencial se encuentra rodeada por avenidas ruidosas y transitadas como Miguel Ángel de Quevedo, basta con adentrarse en sus calles empedradas para recuperar el silencio, la calma y el paisaje pintoresco de la ciudad perdida. Esta fue, en otro tiempo, una de las zonas de descanso favoritas tanto para viajeros como para locales. Aunque los ríos que dotaban de frescura y belleza al paisaje han desaparecido, aún se puede caminar por los antiguos puentes de piedra que atraviesan de un lado a otro un caudal de pasto: el sinuoso camino por donde alguna vez fluyó el río Magdalena. En medio de ese entorno verde y apacible, hay una plaza que rodea el edificio más antiguo de la zona: la parroquia de San Sebastián Mártir. Justo al lado se encuentra un largo inmueble de color naranja que, a simple vista, parece una larguísima muralla discreta entre los caminos de piedra.

La entrada es un portón de madera, decorado por una bugambilia que enmarca con delicadeza la presencia del Centro de Estudios de Historia de México (CEHM). La casona conserva su dimensión original —casi 13 mil metros cuadrados— y fue construida en el siglo XVIII por Pedro García de Valencia, canónigo de la Catedral Metropolitana, quien a partir de 1794 adquirió varios terrenos para edificar su residencia. Desde 1965, este inmueble alberga uno de los centros culturales más valiosos del país, dedicado a conservar y difundir obras impresas y documentales que narran la historia de México desde la época virreinal hasta nuestros días. Entre sus acervos se resguardan más de 80 mil volúmenes —libros con marcas de fuego, mapas antiguos, grabados y otros materiales únicos—. Además, el CEHM ha editado publicaciones como *La Casona de Chimalistac*, un libro de Beatriz Sharer Tamm, que narra la historia del edificio a través de acuarelas, fotografías, mapas y testimonios del inmueble.

Cada rincón de esta casona restaurada con esmero invita a detenerse, a escuchar el pasado y maravillarse con los volúmenes que llegaron hasta nosotros. Además, en este espacio se comparte la historia mexicana a través de presentaciones de libros, coloquios y conferencias abiertas al público. Aunque el cupo presencial es limitado, muchas de estas actividades se graban y se transmiten en línea, ampliando su alcance y convirtiendo este sitio en un punto de encuentro para curiosos de todo el mundo. Así, el CEHM no solo conserva una memoria invaluable, también la expande.

Por si fuera poco, también en Chimalistac se encuentra el hogar de los libros que pertenecieron a uno de los hombres más fascinantes de la cultura mexicana: Ernesto de la Peña. La biblioteca que hoy lleva su nombre es un espacio donde la sabiduría parece habitar entre anaqueles rojos y vitrinas iluminadas. Al entrar, una pequeña sala da la bienvenida con fotografías, artículos periodísticos y libros que relatan la vida del humanista, un erudito mexicano capaz de leer más de treinta lenguas, entre ellas el latín, el griego, el árabe, el chino y el arameo. Su legado bibliográfico —formado desde la biblioteca de su infancia y enriquecido durante toda su vida— es un puente que une tradiciones, religiones, lenguas y culturas. Más de 30 mil volúmenes conforman este singular acervo, adquirido y resguardado por la Fundación Carlos Slim desde 1997, y abierto al público general como un espacio de consulta gratuita.

Entre los estantes, donde reposan libros en ruso, francés, chino o hebreo, también se encuentran vitrinas que exhiben objetos personales del divulgador y pensador. No se trata de una biblioteca común, sino de una especie de santuario donde el conocimiento dialoga con la música, la filosofía, las letras clásicas y la espiritualidad. La biblioteca honra el pensamiento de su primer director —el propio Ernesto—, y ofrece una experiencia que permite al visitante asomarse no solo al contenido de los libros, sino al universo intelectual de quien los estudió con pasión.

En tiempos donde lo inmediato predomina, espacios como este son recordatorios tangibles de que el legado del pasado abunda en la Ciudad de México. El Centro de Estudios de Historia de México y la Biblioteca Ernesto de la Peña no son depósitos de papel: son lugares donde la memoria intelectual sigue respirando. Y lo hace desde un rincón inesperado de la ciudad, en una casona antigua rodeada de silencio y del perfume de sus naranjos, donde cada visitante puede escuchar, aunque sea por un instante, la voz de los siglos.

Existen cientos de espacios como los que se han recorrido en estas páginas: antiguos colegios, bibliotecas ocultas, acervos personales convertidos en refugios de saber. Pero ningún libro se lee solo, ningún archivo se abre por sí mismo, y ningún museo puede contar su historia sin tener quien lo escuche. El verdadero legado no está solo en los muros que lo resguardan, sino en las miradas que lo descubren, en las manos que lo consultan, en las voces que lo reviven.

Porque el conocimiento heredado no sobrevive encerrado: necesita ser despertado. Y es ahí donde entramos nosotros, porque habitamos en una ciudad que muchas veces vemos sin mirar, sin detenernos a explorar lo que habita en sus edificios y rincones. Aunque no lo sepamos, aunque no lo busquemos, la historia de esta ciudad ya vive en nosotros. Y tenemos la posibilidad de hacer algo con eso: conocerla, transmitirla, cuestionarla, habitarla, dejar que nos cuente su pasado. Solo hace falta acercarse con curiosidad y dejar que algo —un muro, un libro, un evento irrepetible— nos hable desde su esencia.

Directorio de lugares mencionados

✓ *Fuente del Quijote*
Bosque de Chapultepec, Primera Sección

✓ *Capilla Gótica, Instituto Cultural Helénico*
Avenida Revolución 1500, Del. Álvaro Obregón Col, Guadalupe Inn, Álvaro Obregón, 01020 Ciudad de México, CDMX

✓ *Metro: Estación Zócalo-Tenochtitlán, Línea 2*

✓ *Zócalo (Plaza de la Constitución)*
Plaza de la Constitución S/N, Centro Histórico de la Ciudad. de México, Centro, Cuauhtémoc, 06010 Ciudad de México, CDMX

✓ *Metro: Estación Pino Suárez, Línea 2*

- *Casa de los Mascarones*
  Av. Ribera de San Cosme 71, Sta María la Ribera, Cuauhtémoc, 06400 Ciudad de México, CDMX

- *Claustro del Convento de la Merced*
  República de Uruguay 170, Centro Histórico de la Ciudad. de México, Centro, Cuauhtémoc, 06000 Ciudad de México, CDMX

- *Metro: Estación Isabel la Católica, Línea 2*

- *Universidad del Claustro de Sor Juana*
  José María Izazaga 92, Centro Histórico de la Cdad. de México, Centro, Cuauhtémoc, 06080 Ciudad de México, CDMX

- *Museo del Metro*
  Av. Extremadura 185, Insurgentes Mixcoac, Benito Juárez, 03920 Ciudad de México, CDMX

- *Biblioteca Aragón*
  Calle Dr. Atl 215, Sta María la Ribera, Cuauhtémoc, 06400 Ciudad de México, CDMX

- *Teatro Bernardo García*
  Calle Salvador Díaz Mirón 69, Sta María la Ribera, Cuauhtémoc, 06400, Ciudad de México, CDMX

- *Ángel de la Independencia*
  Av. Paseo de la Reforma, Juárez, Cuauhtémoc, 06600 Ciudad de México, CDMX

DIRECTORIO DE LUGARES MENCIONADOS

✓ *Museo del Banco de México*
Av. 5 de Mayo 2, Centro Histórico de la Ciudad. de México, Centro, Cuauhtémoc, 06000 Ciudad de México, CDMX

✓ *Museo Nacional de Antropología e Historia*
Av. P.º de la Reforma s/n, Polanco, Bosque de Chapultepec I Secc, Miguel Hidalgo, 11560 Ciudad de México, CDMX

✓ *Archivo Histórico de la Ciudad de México*
República de Chile 8, Centro Histórico de la Ciudad. de México, Centro, Cuauhtémoc, 06000 Centro, CDMX

✓ *Palacio de Minería*
Tacuba 5, Centro Histórico de la Ciudad. de México, Centro, Cuauhtémoc, 06000 Ciudad de México, CDMX

✓ *Plaza de Santo Domingo*
República de Brasil, Centro Histórico de la Ciudad. de México, Centro, Cuauhtémoc, 06020 Ciudad de México, CDMX

✓ *Palacio de la Escuela de Medicina, UNAM*
República de Brasil 33, Centro Histórico de la Ciudad. de México, Centro, Cuauhtémoc, 06010 Ciudad de México, CDMX

✓ *Biblioteca Central, Ciudad Universitaria*
Zona Escolar S/N, C.U., Coyoacán, 04510 Ciudad de México, CDMX

✓ *Museo Nacional de Arte (MUNAL)*
Tacuba 8, Centro Histórico de la Ciudad. de México, Centro, Cuauhtémoc, 06000 Ciudad de México, CDMX

- *Museo del Templo Mayor*

  Seminario 8, Centro Histórico de la Ciudad. de México, Centro, Cuauhtémoc, 06060 Ciudad de México, CDMX

- *Fuente de Nezahualcóyotl*

  Bosque de Chapultepec, Primera Sección

- *Antiguo Colegio de San Ildefonso*

  Justo Sierra 16, Centro Histórico de la Ciudad. de México, Centro, 06020 Ciudad de México, CDMX

- *Canal Nacional*

  Canal Nacional, Prado Churubusco, Coyoacán, 04230 Ciudad de México, CDMX

- *Xochimilco*

  Periférico sur Adolfo Ruíz Cortines, Xochimilco, 16034, Ciudad de México CDMX

- *Embarcadero*

  Cuemanco, 16034 Ciudad de México, CDMX

- *Los Dinamos*

  Cam. a Los Dinamos, Reserva de Los Dinamos, La Carbonera, Magdalena Contreras, 10930 Ciudad de México, CDMX

- *Librería Niña Oscura*

  Calle Salvador Díaz Mirón 142, Santa María la Ribera, Cuauhtémoc, 06400 Ciudad de México, CDMX

DIRECTORIO DE LUGARES MENCIONADOS

✓ *Librería Jorge Cuesta*
Liverpool 12, Juárez, Cuauhtémoc, 06600 Ciudad de México, CDMX

✓ *Librería El Hallazgo*
Avenida Mazatlán 30, Colonia Condesa, Cuauhtémoc, 06140 Ciudad de México, CDMX

✓ *Librería Papelitas*
Mérida 218, Roma Norte. Cuauhtémoc, 06700 Ciudad de México, CDMX

✓ *Bajos pensamientos*
Pasaje Subterráneo Clínica 10 del IMSS , Metro Villa de Cortes, CDMX

✓ *Bazar de libros de San Fernando*
Calle San Fernando 17, Centro Histórico de la Ciudad. de México, Guerrero, Cuauhtémoc, 06300 Ciudad de México, CDMX

✓ *Salón Posada*
Calle Tres Cruces 99, Coyoacán, 04000 Ciudad de México, CDMX

✓ Fonoteca Nacional
Av. Francisco Sosa 383, Santa Catarina, Coyoacán, 04010 Ciudad de México, CDMX

✓ *El Colegio Nacional*
Donceles 104, Centro Histórico de la Ciudad. de México, Centro, Cuauhtémoc, 06000 Centro, CDMX

✓ *Centro de Estudios de Historia de Chimalistac*

Federico Gamboa 1, Chimalistac, Álvaro Obregón, 01070 Ciudad de México, CDMX

✓ *Biblioteca Ernesto de la Peña*

Cjon. del Río 186, Chimalistac, Álvaro Obregón, 01070 Ciudad de México, CDMX

✓ *Ex Convento de Culhuacán*

Calle Morelos 10, Culhuacan, Iztapalapa, 09800 Ciudad de México, CDMX

✓ *Archivo Histórico de Iztapalapa*

Calle Aldama. 63 esq, Ayuntamiento, San Lucas, Iztapalapa, 09000 CDMX

Bibliografía

"¿Adiós a los ríos? Crónica de un desastre en la capital mexicana". Pablo Dueñas. *Relatos e Historias de México.* Año VII, número 84.

200 lugares imprescindibles del Centro Histórico, Héctor de Mauleón y Rafael Pérez Gay, *Nexos* Sociedad Ciencia y Literatura, México, 2018.

América, Vladimir Maiakovski. Gallo Nero Ediciones, 2011.

Casa de la familia González Jáuregui, Rafael Fierro. Consulta en: https://grandescasasdemexico.blogspot.com/2014/05/casa-de-la-familia-gonzalez-jauregui.html

Chapultepec. Alfonso Teja Zabre. Talleres de Impresión de Estampillas y Valores, 1938.

Ciudad de México. Ciudad Desconocida. Edgar Anaya. Ediciones Alebrixe, México, 2011.

Ciudad, sueño y memoria, Rafael Pérez Gay, Héctor de Mauleón, Carlos Villasana. Ediciones Cal y Arena. México, 2013.

Culhuacan. Edmundo López de la Rosa. CONACULTA, 2015.

El Bosque de Chapultepec. Sitio sagrado y natural de México. Paralelo 21, 2021.

El eleginismo en España. (Venta y traslado de monumentos). Desamortización y Restauración Monumental. III Congreso sobre Medievalismo y Neomedievalismo en la Arquitectura Española, Ávila, 1988. José Miguel Merino de Cáceres.

"El eleginismo en España. Algunos datos sobre el expolio de nuestro patrimonio monumental". *Revista de Extremadura,* 2, 1990. José Miguel Merino de Cáceres.

El monasterio de Santa María de Sacramenia. José Miguel Merino de Cáceres. 2003. Real Academia de Historia y Arte de San Quirce.

El Monasterio de Óvila. Francisco Layna Serrano. Aache Ediciones. 1998. Edición digital.

Estilos e influencias en la joyería. Carranza y Carranza, 2020.

GONZÁLEZ MORALES, Leonardo Abraham "Los tlacuilos y la construcción del espacio novohispano en el siglo XVI". *Revista Digital Universitaria* [en línea]. 1 de abril de 2015, Vol. 16, No.4. Disponible en: http://www.revista.unam.mx/vol.16/num4/art29/index.html

BIBLIOGRAFÍA

Historia de un huerto, Manuel Ramos Medina. Centro de Estudios de Historia de México, CONDUMEX, 1992.

La casona de Chimalistac, Beatriz Scharrer Tamm. Centro de Estudios de Historia de México, CONDUMEX, 2005.

La Ciudad de México. Antología de lecturas siglos XVI-XX. Secretaría de Educación Pública SEP, 1995.

La ciudad oculta. Vol. II. Héctor de Mauleón. Planeta.

La colección del Instituto Cultural Helénico. Una guía para su recorrido. Trueba Fournier. Instituto Cultural Helénico, 2013.

La destrucción del patrimonio artístico español. W.H. Hearst: El gran acaparador. José Miguel Merino de Cáceres y María José Martínez Ruiz.

La fuente del Quijote. Escenas de vida mexicana en dos cuadros, Carlos Díaz Dufoo. México, 1930.

"La fundación de El Colegio Nacional", Javier Garciadiego. *Opúsculos*. El Colegio Nacional, 2023.

La navegación a vapor en el Canal de la Viga. David Luvín Guzmán Pérez. Blog APAMI, 23 de septiembre de 2020. Consulta en: https://apami.home.blog/2020/09/23/la-navegacion-a-vapor-en-el-canal-de-la-viga/

Las acequias en la Cuenca de México. Alejandro Jiménez Vaca. Ediciones Navarra, 2017.

Las andanzas de un calendario y los trotes de un caballito. Eduardo Matos Moctezuma. El Colegio Nacional, 2021.

Los paseos de la Ciudad de México. Salvador Novo.

Los mexicanos pintados por sí mismos: tipos y costumbres nacionales. Varios autores. Grupo Condumex, 1988.

México en 1554. Tres diálogos latinos de Francisco Cervantes de Salazar. Universidad Nacional Autónoma de México, 2001.

Motivaciones para la locura, Salvador Flores. Ediciones Ageleste, 2003.

Óvila, el desdichado final de un monasterio alcarreño. Wad-al-Hayara, 12, 1985. José Miguel Merino de Cáceres.

Personalidades de las calles de la Colonia del Valle. Carlos Rafael Salinas González, María de Jesús Real García. Ediciones ECA, 2012.

Presencias de Don Quijote en las artes de México. José Rojas Garcidueñas, 1968. Universidad Nacional Autónoma de México.

"Protestan por cierre de pulquerías en CDMX". Rodolfo Dorantes. *Excelsior*, 24-03-2025. Consulta disponible en:
https://www.excelsior.com.mx/comunidad/protestan-por-cierre-de-pulquerias-en-cdmx-han-bajado-cortina-a-14/1706960

Relatos, leyendas y cuitas de Culhuacán, Agustín Rojas Vargas. Asociación por el Rescate Histórico Cultural del Pueblo de Culhuacán, 2007.

¿Cómo se perpetúa el arte a través del coleccionismo? Un caso, la colección de Nicolás González Jáuregui. Silvana María Sánchez Benítez Fierro. 2004. (Tesis Universidad Anáhuac e Instituto Cultural Helénico).

Memorias y diario. Vito Alessio Robles. Miguel Ángel Porrúa, 2013.

Sitios web consultados / recomendados:

William Randolph Hearst Archive:
http://www.liucedarswampcollection.org/betahearst/archive.php
https://www.cehm.org.mx/
http://www.mexicomaxico.org/

Agradecimientos

Hace casi una década tuve la enorme fortuna de habitar durante un tiempo, en una ciudad poco conocida. Alicante (España) se volvió mi hogar adoptivo mucho antes de que empezara a explorar las calles de mi tierra natal; a ese lugar, con su olor de mar infinito y cielo de mil colores, le debo muchas primeras veces: la emoción de conocer la ciudad a través de sus leyendas y escritores, de caminar completamente sola, de descubrir el encanto de las librerías de viejo, de recorrer museos que casi nunca salen en las guías turísticas y de aprender a no perder la mirada curiosa del viajero. Vivir en Alicante me hizo concebir a las ciudades como personas complejas, que podemos conocer y amar. Estando en esa pequeñísima urbe ajena nació también mi curiosidad por la capital mexicana, así que el primer agradecimiento de este libro es para ella.

Esa experiencia no hubiera sido posible sin el apoyo incondicional de mis padres, Alfredo y Rosario, con quienes he compartido la enorme dicha de recorrer la Ciudad de México en busca de libros y lugares que, en ocasiones, ninguno de nosotros sabíamos que existían. A ellos también les agradezco profundamente su tiempo, cariño y, sobre todo, los bonitos recuerdos que hemos vivido. A mi padre, le doy gracias por estar siempre dispuesto a ser parte de mis ocurrencias, que le han hecho atravesar la ciudad y soportar horas de tráfico, trayectos del metro y el peso de tantos libros que traemos de vuelta. A mi madre, por ser mi persona favorita para visitar librerías, platicar de sus propios descubrimientos literarios y por compartir el maravilloso mundo de la lectura.

También quiero agradecer a mi familia, inevitablemente incluida en mis relatos. Especialmente a mi abuela, por ayudarme a buscar billetes antiguos y contarme sus recuerdos; a Raúl, por ser un gran hermano y convidarme siempre de los platillos que cocina; a mis tíos, Sergio y Yolanda, por obsequiarme un libro que me ayudó muchísimo. A mi compañero de vida, Alan Rosas, por descubrir conmigo la ciudad donde nos conocimos y nos enamoramos; pero, sobre todo, por estar siempre, por escucharme, apoyarme, leerme, creer en mí y darme tantas razones para disfrutar la existencia, además de prestarme algunas de sus mejores fotografías, que hoy también forman parte de este libro y de nuestra historia..

Quizá no estaría aquí de no ser por mi querido César M. Celis, quien me recomendó los primeros libros que leí. Sus consejos, su lectura y sus palabras han sido muy importantes para mí.

Las librerías y bibliotecas que frecuento también han sido fundamentales porque gracias a ellas he aprendido prácticamente todo lo que sé sobre la ciudad. Particularmente quiero agradecer a Sergio, Max, Mercurio, Aldo, Selva y a todos los libreros que me han ayudado a formar mi biblioteca personal con ejemplares muy útiles y hermosos para continuar la exploración de la ciudad.

Agradezco también a César Arístides; Aguilar y Penguin Random House por darme la oportunidad de seguir compartiendo mi pasión por la ciudad y sus libros.

Finalmente quiero dedicar un agradecimiento muy especial a toda la comunidad de *Ciudad Literaria*, porque hemos crecido juntos y nos falta mucho por explorar.

Esta obra se terminó de imprimir
en el mes de enero de 2026,
en los talleres de Diversidad Gráfica S.A. de C.V.
Ciudad de México